GEOGUIDE

Alsace

Édition spéciale 2007

Hélène Le Tac
Vincent Noyoux
Nicolas Peyroles

GEOGuide France

Alsace
Bordelais Landes
Bretagne Nord
Bretagne Sud
Charente-Maritime et Vendée
Corse
Côte d'Azur
Guadeloupe
Languedoc-Roussillon
Martinique
Normandie
Paris
Pays basque
Périgord Quercy et Agenais
Provence
Réunion
Tahiti, Polynésie française

GEOGuide Étranger

Andalousie
Athènes et les îles grecques
Belgique
Crète
Croatie
Cuba
Égypte
Espagne, côte est
Irlande
Italie du Nord
Italie du Sud
Londres
Maroc
Maurice
Mexique
Pays basque
Portugal
Sicile
Toscane Ombrie
Tunisie
Venise

Avis aux GEOVoyageurs

*Entre l'enquête faite sur le terrain et la parution du guide, les établissements proposés peuvent avoir disparu et certaines informations peuvent avoir été modifiées : suggérez-nous vos corrections ou vos commentaires (***Boîte aux lettres*** en fin de volume).*

L'Alsace éternelle. De vénérables maisons en pans de bois, aux façades colorées et fleuries, attestent l'aisance tranquille des villages de plaine (ci-dessus, Riquewihr).

GEODOCS

L'Alsace à la carte

L'ALSACE GOURMANDE

Charcuterie, poisson de rivière, fromage de Munster, fruits... Région gastronomique par excellence, l'Alsace regorge de victuailles que l'on retrouve à la carte des *winstub* comme à celle de prestigieuses tables étoilées. Hormis l'incontournable choucroute, on se doit de goûter le foie gras d'oie, la terrine de *baeckeoffe*, le pâté de tête (*presskopf*), le coq au riesling, l'anguille en matelote et la craquante carpe frite du Sundgau. Côté desserts, difficile de résister à la tarte aux myrtilles pilées et au traditionnel kouglof. À Schiltigen, la cité brassicole, vous pourrez savourer une bière à sa source ! Non loin de là, dans le centre de Strasbourg, l'une des dernières micro-brasseries d'Alsace sert ses quatre productions maison accompagnées de tartes flambées.

L'ALSACE EN FAMILLE

L'Alsace est le royaume des enfants ! Ils auront le choix entre aller saluer les cigognes, monter dans un train à vapeur, partager la vie des paysans du début du xxe siècle, assister à un festival folklorique ou simplement s'ébattre dans l'un des nombreux parcs aquatiques de la région. Sans oublier, bien sûr, les marchés de Noël, qui réunissent petits et grands dans la préparation des fêtes de fin d'année.

L'ALSACE GOTHIQUE

Dominant de sa flèche la plaine rhénane, la cathédrale Notre-Dame de Strasbourg symbolise le triomphe retentissant du gothique en Alsace. Admirez ses portails, son pilier des Anges et sa chair, puis tous les autres prodiges que maîtres d'œuvre et sculpteurs réalisèrent au nom d'un art sacré, dont l'épanouissement correspond à l'essor des villes alsaciennes.

L'ALSACE EN AMOUREUX

Venelles pavées bordées de maisons à colombages, abondamment fleuries à la belle saison, forêts secrètes et auberges de conte de fées sont autant de promesses d'un séjour romantique à deux. Vous pourrez ainsi flâner le long des canaux de Strasbourg, de Colmar ou de Wissembourg et vous enivrer des parfums de la Roseraie de Saverne...

GEOPANORAMA

Petit territoire densément peuplé et fortement urbanisé, l'Alsace s'étend au carrefour des cultures romane et germanique, entre Vosges et Rhin. Le grand fleuve en fit une province militaire romaine, face aux Barbares, puis le centre de gravité politique, culturel et artistique du Saint Empire romain germanique, un foyer de l'art gothique et de l'humanisme, doublé d'une région agricole prospère grâce à son commerce. Si l'Alsace est française de raison et de cœur depuis plus de quatre siècles, en dépit des intermèdes de rattachement à l'Allemagne (1871-1918 et 1940-1945), son cadre physique comme ses traditions l'inscrivent donc dans l'espace rhénan. Une position clef au cœur de l'Europe en construction et un atout touristique : l'architecture villageoise et ses colombages, la pluralité religieuse, l'éclectisme architectural des villes ou encore l'usage courant du dialecte font tout son charme et sa singularité aux yeux des Français “de l'intérieur”.

Comprendre l'Alsace

Pour en savoir plus sur la géographie, l'environnement et l'histoire, reportez-vous au dossier du **magazine GEO** sur l'Alsace.

GEOMEMO

Région et départements	Alsace, Bas-Rhin (67) et Haut-Rhin (68)
Préfectures	Bas-Rhin : Strasbourg Haut-Rhin : Colmar
Superficie	Bas-Rhin 4 755km², Haut-Rhin 3 525km² soit 1,5% du territoire français
Population	Bas-Rhin : 1 120 000 hab. Haut-Rhin : 685 000 hab.
Point culminant	Le Grand Ballon (1 424m), dans le massif des Vosges

Géographie

Les paysages alsaciens doivent leur beauté et leur diversité, surprenante pour une superficie de seulement 8 280km², à une histoire naturelle mouvementée. Un effondrement du relief, il y a 30 millions d'années environ, donna naissance au vaste fossé de direction sud-nord qui sépare deux ensembles montagneux, les Vosges à l'ouest et la Forêt-Noire à l'est. Ce rift, érodé, envahi par la mer et peu à peu comblé par des dépôts marneux et calcaires, accueillit plus tard le cours du Rhin, dont les dépôts alluvionnaires ont fait la richesse agricole du monde rhénan. On distingue donc, d'est en ouest, la plaine rhénane, la montagne vosgienne et le piémont, qui forme un gradin entre les deux.

la plaine

Partie basse du fossé rhénan, la plaine d'Alsace s'étend sur env. 30km de large et plus de 160km de long, entre les frontières allemande et suisse. Les mouvements tectoniques, qui n'ont jamais cessé, font peser sur elle un risque sismique non négligeable. En dépit d'une unité apparente, elle présente trois grands types de paysage.

LA FORÊT RHÉNANE ET LES RIEDS Les zones riveraines du Rhin, les plus basses, sont pour l'essentiel des dépressions marécageuses aux sols noirs, formées par les anciens lits d'inondation du fleuve et de ses affluents. Elles portent quelques luxuriantes forêts relictuelles d'aulnes et de peupliers et des prairies humides, ou rieds (de l'alémanique *Rieth*, "roseau"). Ces dernières occupent essentiellement la partie centrale de la plaine, entre Rhinau et Colmar, secteur désigné sous le nom de Grand Ried. Toutefois, au nord de Strasbourg, une bande étroite de même nature, le ried du Nord, longe le Rhin jusqu'à Lauterbourg. Le partage du sol en petits lots communaux y a longtemps retenu une importante population d'ouvriers paysans, qui trouvaient à s'employer à Strasbourg ou fournissaient de la main-d'œuvre à la batellerie rhénane.

LA FORÊT SÈCHE On rencontre aussi dans la plaine d'ingrates terrasses caillouteuses – vestiges d'anciens bras du Rhin –, colonisées par une forêt sèche qui associe chênes, charmes et pins. Celle de la Hardt (13 000ha) s'étend de Mulhouse à Marckolsheim, à la frontière nord du Haut-Rhin, et se prolonge en une bande plus étroite vers Bâle, au sud. Ces sols pauvres et perméables, aux matériaux grossiers, se prêtent mal à la culture hormis à celle des céréales, aussi ont-ils fait l'objet d'un défrichement tardif. Ces portions du territoire alsacien restent peu peuplées.

LES RICHES ZONES LŒSSIQUES La plaine est aussi ponctuée de collines et de terrasses couvertes de féconds dépôts lœssiques (un limon calcaire réduit en poussière), sur lesquelles on cultive les céréales depuis le néolithique. Ainsi, l'Ackerland, "terre de labour" qui s'étend du nord de Sélestat à la vallée de la Zorn, à l'ouest de l'Ill, est d'une inépuisable fertilité. Autour d'Erstein prospèrent le tabac et le chou à choucroute. Plus au nord, entre les cours de la Bruche et de la Zorn, le Kochersberg constitue le grenier à blé de Strasbourg et la terre d'élection du houblon. Ce riche plateau découpé est prolongé au nord par le pays de Hanau et l'Outre-Forêt, deux promontoires lœssiques que sépare l'une des plus importantes forêts domaniales de France, celle de Haguenau (env. 15 000ha). Dans le sud de l'Alsace, près de la Suisse, moutonnent d'autres collines, celles du Sundgau. Ce môle calcaire découpé par l'Ill et ses affluents est couvert de lœss dans sa partie est. Avec ses champs allongés en lanières sans souci du relief et ses nombreuses maisons à colombages, c'est un véritable conservatoire du paysage agraire ancien.

le piémont des Vosges

La plaine d'Alsace est le lieu par excellence de la circulation nord-sud et aujourd'hui de l'urbanisation. L'un de ses charmes tient à sa modeste frange montagneuse occidentale. Ces collines sous-vosgiennes sont protégées des vents d'ouest humides par les sommets du massif. Dominant de 300m à 400m la plaine et ses brouillards, elles bénéficient de précipitations minimes et d'un ensoleillement intense une bonne partie de l'année. Ces conditions climatiques, conjuguées à la nature de certains sols – des terrains calcaires de l'ère secondaire –, sont particulièrement favorables à la culture de la vigne, notamment autour de Colmar, l'une des villes les plus sèches de France. Et de Masevaux à Wissembourg en passant par Thann, Guebwiller, Obernai et Saverne, les petites cités qui se sont développées au débouché des vallées des Vosges doivent souvent leur prospérité à la viticulture.

la montagne vosgienne

L'Alsace ne possède que le versant oriental des Vosges, le moins étendu mais le plus impressionnant. Le massif culmine, en effet, à 1424m dans le sud de la province, au Grand Ballon, une vieille montagne granitique relevée lors de la surrection des Alpes. Balayés par de violents vents d'ouest, les sommets érodés des Vosges sont tapissés de pelouses et de landes, appelées localement hautes chaumes, où les troupeaux montent traditionnellement paître l'été. Au-dessous se déploient de majestueuses forêts dans lesquelles prédomine le hêtre, associé à l'érable sycomore au-dessus de 1 000m, au sapin blanc entre 1 000 et 500m, et à des feuillus comme le chêne au-dessous de 500m. Les quelques cirques glaciaires qui échancrent la montagne maintiennent parfois un lac aux eaux sombres derrière une barrière de moraines, tel le lac Vert au-dessus de Munster. La Doller, la Fecht, la Thur et les autres affluents de l'Ill qui entaillent le massif ont façonné ces pittoresques vallées sur le fond plat desquelles se concentrent des activités industrielles utilisant la force de l'eau, comme le textile. Aux hautes Vosges cristallines du sud de l'Alsace s'opposent nettement les basses Vosges du Nord (au-delà de la vallée de la Bruche). Ces dernières, dont l'altitude ne dépasse jamais 1 000m, forment de grandes tables gréseuses dominées par des dômes ruiniformes et entaillées par des cours d'eau. De nombreux châteaux du même grès rose que la cathédrale de Strasbourg ont été bâtis sur les pitons qui dominent la plaine. Le Fleckenstein, près de la frontière allemande, en est l'un des fleurons. La faible altitude de ces Vosges septentrionales a permis une occupation humaine assez dense liée, notamment, aux industries du verre et du fer.

Histoire

Depuis l'Antiquité, le Rhin et les Vosges ont joué le rôle de frontières culturelles et politiques et valu au territoire qu'ils délimitent une histoire particulièrement mouvementée. Ainsi, le récent rapprochement franco-allemand et la construction européenne ne sauraient faire oublier que l'Alsace a longtemps fait l'enjeu de rivalités féroces et qu'elle a changé plusieurs fois de nationalité.

GEOPLUS

Strasbourg l'européenne

Permettre la rencontre des hommes et des cultures, tel pourrait être le slogan de Strasbourg, la "Ville des routes" : les institutions qui y siègent et qui participent activement à sa vie économique fondent son statut de capitale internationale, au carrefour des axes européens.

Durant la plus longue partie de son histoire, Strasbourg fut une ville frontière, à la charnière des civilisations romane et germanique. Cette situation délicate lui a valu bien des déchirements, mais aussi, par contrecoup, le privilège de se trouver au cœur de la construction européenne quand revint la paix. Il est vrai que sa position sur le Rhin, grand axe d'échanges européens, lui permit de jouer un rôle prédominant sur les plans politique, économique et religieux dès le Moyen Âge. Méconnue du grand public, la Commission centrale de navigation du Rhin, fondée en 1815, est ainsi la plus vieille institution européenne ! Réunissant les quatre États riverains (Suisse, Allemagne, France, et Pays-Bas) ainsi que la Belgique et la Grande-Bretagne, elle est installée place de la République, à Strasbourg, depuis 1920, et examine tous les projets concernant ce fleuve.

la conscience politique de l'Europe

Mais c'est incontestablement le Conseil de l'Europe, l'organisation mère des institutions européennes (fondée dès 1948 à l'issue du congrès de La Haye), qui confirma la vocation européenne de Strasbourg. Sur la proposition du ministre des Affaires étrangères britannique, Ernest Bevin, pour qui la cité rhénane, enjeu des anciennes rivalités franco-allemandes, devait aussi être le symbole de la réconciliation, il y siège depuis 1949. Le Conseil fut à l'origine d'une vraie politique alsacienne de soutien à la construction européenne, portée par des personnalités locales comme Charles Frey et Pierre Pflimlin. S'il n'est pas une institution de l'Union européenne – qui lui doit pourtant son drapeau bleu étoilé ! –, le Conseil de l'Europe collabore étroitement avec elle, et tous les pays aspirant à entrer dans l'UE en font d'abord partie. Avec pour mission de protéger et de renforcer la démocratie et les droits de l'homme, réunissant 46 États membres (et 800 millions de citoyens !), il s'impose

"Voilà une ville qui, plus que d'autres, a été victime de la stupidité des nations européennes (...) ; maintenant, elle doit être appelée à devenir un symbole de réconciliation et de paix."

Ernest Bevin

GEOPLUS

LES "ENTRETIENS"
Plusieurs fois par an, le Conseil de l'Europe et la municipalité de Strasbourg organisent conjointement des débats visant à réunir les citoyens autour d'experts, hommes politiques, universitaires, spécialistes de la culture, du droit, des sciences… Toute la ville est conviée à participer à l'actualité européenne à travers ces "Entretiens" qui se tiennent en différents endroits de la capitale alsacienne.

même comme l'organisation de la "Grande Europe". Composé d'un secrétariat général, d'un Comité des ministres (des Affaires étrangères), il est secondé par une série d'émanations siégeant à Strasbourg, parmi lesquelles : la Commission européenne des droits de l'homme (installée à Strasbourg depuis 1954), qui veille à la sauvegarde des droits de l'homme et des libertés fondamentales ; la Cour européenne des droits de l'homme (1959), qui permet aux pays membres, mais aussi à tout citoyen, de porter plainte contre toute violation de la Convention européenne des droits de l'homme (1956) ; le Centre européen de la jeunesse (1972), qui a pour vocation de favoriser les échanges et l'apprentissage des langues ; le Congrès des pouvoirs locaux et régionaux (1957), qui a plus particulièrement à charge l'aménagement du territoire et la coopération transfrontalière ; Eurimages, qui œuvre pour la promotion du cinéma européen, et, enfin, la Pharmacopée européenne.

le grand hémicycle

Seule institution élue directement par les citoyens de l'UE, le Parlement européen (1979) occupe une place à part. Avec ses 732 élus qui s'y réunissent en session plénière au moins dix fois par an et ses nombreux fonctionnaires, dont beaucoup font le déplacement de Bruxelles (où ils assistent aux commissions parlementaires) ou de Luxembourg (où siège le secrétariat général du Parlement), sans compter le millier de journalistes qui couvrent les débats, c'est lui qui donne son envergure internationale à Strasbourg et contribue à son dynamisme économique.
Installé près du Conseil de l'Europe, il a entraîné l'émergence d'un vaste quartier international autour des jardins de l'Orangerie : pas moins de 75 représentations diplomatiques et consulats ont leurs bureaux dans le secteur, conférant à Strasbourg une dimension diplomatique unique parmi les capitales de région françaises. Il s'en fallut de peu, cependant, que la métropole alsacienne ne fût dépossédée de sa prestigieuse intitution au profit de Bruxelles. Mais si la "bataille du siège" a longtemps opposé les deux capitales européennes, le sommet d'Édimbourg confirma, en décembre 1992, la prééminence alsacienne et, quelque huit ans plus tard, un nouvel édifice accueillait le grand hémicycle.

GEOPLUS

les autres pôles de l'"eurocité"

D'autres organes, bien qu'indépendants de l'Union, placent la ville de Strasbourg au cœur de l'Europe. La Fondation européenne de la science (1974) finance des programmes de recherche ; l'Institut international des droits de l'homme (1969) intervient dans l'enseignement et la recherche ; la Commission internationale de l'état civil (1948) œuvre à harmoniser celui des États membres ; l'Assemblée des régions d'Europe (1985) promeut les actions à son niveau. Enfin, la présence du commandement général et état-major du Corps européen (Eurocorps), créé en 1993, consacre l'importance de la ville en matière de défense européenne.
Mais Strasbourg est aussi une "eurocité" sur un plan plus pragmatique. Si le Club de Strasbourg, fondé en 2003, s'efforce de mobiliser une trentaine de métropoles européennes autour des grands enjeux politiques, économiques et sociaux, ses équipes travaillent également sur des projets concrets, comme la mise en place d'un système d'allocation de bourses destinées aux étudiants. Il faut dire que, là encore, la capitale alsacienne se distingue des autres grandes villes françaises par la dimension internationale de son enseignement supérieur. Ses trois universités, qui s'apprêtent à fusionner pour constituer l'université européenne de Strasbourg, comptent en effet plus de 20% d'étrangers, un record national hors Île-de-France. À ces établissements s'ajoutent plusieurs écoles ou sections assurant un enseignement primaire et secondaire international. Un terreau fertile pour les entreprises à vocation internationale siégeant à Strasbourg ! Parmi elles, le groupement européen d'intérêt économique Arte. La chaîne de télévision franco-allemande, fondée en 1991, a bel et bien été conçue "par des Européens pour des Européens". De son siège, elle diffuse des émissions en plusieurs langues dans toute l'Europe et signe des partenariats avec différentes chaînes publiques à l'étranger. En toute logique, elle est installée dans le quartier européen, au bord de l'Ill, à quelques encâblures du Parlement…

L'EUROPE SUR LA TOILE

www.coe.int
Site du Conseil de l'Europe
www.echr.coe.int
Site de la Cour européenne des droits de l'homme
www.a-e-r.org
Site de l'Assemblée des régions d'Europe
www.europarl.europa.eu
Site du Parlement européen
www.eurocorps.net
Site de l'état-major du Corps européen
www.strasbourg-europe.com
Portail d'information sur les institutions européennes
www-ihee.u-strasbg.fr
Site de l'Institut des hautes études européennes
www.eucor-uni.org
Site de la Confédération européenne des universités du Rhin supérieur

Richard Kleinschmager
Professeur de géographie à l'université Louis-Pasteur de Strasbourg

Gastronomie

On dit souvent de la cuisine alsacienne qu'elle a su allier le raffinement français à la profusion allemande. Les recettes épousent, bien sûr, les saisons. Le printemps sera l'occasion de goûter aux asperges de Hoerdt, accompagnées d'une sauce hollandaise ou d'une simple vinaigrette et de jambon. L'usage veut que toute randonnée estivale dans les Vosges se termine par un **repas marcaire** : tourte à la viande et, dans le Sud, *roigabrageldi* (pommes de terre revenues avec des oignons et du lard) servis avec de la palette fumée, que suivent un fromage de Munster et une tarte aux myrtilles. La tarte flambée, ou ***flammekueche***, est originaire du Kochersberg : elle sustentait jadis les paysans dans les champs, lors des moissons. Ce rectangle de fine pâte à pain, garni de crème, de lardons fumés, d'oignons et cuit au four à bois, est désormais très répandu. Il concurrence largement la traditionnelle tarte à l'oignon et la salade alsacienne, composée de gruyère et de cervelas coupés en tranches.

Plat d'hiver par excellence, la **choucroute** trône encore sur toutes les tables. Ce mets robuste, servi au Moyen Âge le jeudi et le dimanche, permettait aux paysans de consommer à la morte saison au moins un légume riche en vitamine C, le chou, conservé en saumure. La choucroute s'accompagne, bien entendu, de viande de porc : palette, poitrine fumée ou salée, jambonneau et saucisses de Strasbourg (*knacks*).

Le **porc** occupe, en effet, une place centrale dans la cuisine régionale. Son abattage, entre novembre et février, a longtemps constitué un temps fort de la vie paysanne : on consommait aussitôt les abats, tandis que la confection du boudin et du *presskopf* (fromage de tête), des saucisses et des pâtés, la préparation du lard et du saindoux et la salaison des jambons accaparaient hommes et femmes plusieurs jours durant. L'Alsace peut ainsi s'enorgueillir d'une étonnante variété de **saucisses** – à cuire (*kochwurst*), à frire (*brotwurst*), au foie à tartiner (*leberwurst*) – et de saucissons – noir (*schwarzwurst*), au jambon (*schinkenwurst*) ou fumé (*rauchwurst*) –, sans compter les quenelles de moelle et la panse de porc farcie.

Le ***baeckeoffe*** est une potée mêlant échine de porc, épaule d'agneau et paleron de bœuf, marinés dans du vin blanc et longuement mijotés au four dans une terrine avec des pommes de terre, des carottes, des oignons et des herbes. Ce plat doit son nom au four du boulanger. Autrefois, la ménagère le préparait le lundi et, pendant qu'il cuisait, vaquait à sa lessive hebdomadaire. La **matelote de poisson**, quant à elle, renvoie aux temps anciens où le Rhin, l'Ill et les autres cours d'eau alsaciens regorgeaient de brochets, de perches, d'anguilles, de tanches et de carpes. Dans le Sundgau, on sert la **carpe frite** avec des pommes vapeur, du citron et un verre de riesling.

Importées d'Italie au XVIe siècle, les **pâtes** font désormais partie intégrante de la gastronomie locale. Les *spaetzle*, filaments de 5 à 10cm de long, particulièrement riches en œufs, accompagnent les plats de gibier, surtout le civet de lièvre.

Fleuron de la gastronomie alsacienne, le **foie gras** est un apport de la communauté juive, longtemps la seule autorisée à gaver des oies. Le pâté de foie gras en croûte, conçu en 1778 par Jean-Pierre Clause, cuisinier lorrain du gouverneur militaire de Strasbourg, reçut les honneurs de Louis XIV. Puis, en 1792, le Bordelais Nicolas Doyen eut l'idée de garnir cette préparation de truffes du Périgord... C'est ainsi que Strasbourg devint le siège d'une industrie florissante. Le fromage de référence de l'Alsace est, bien sûr, le **munster** (*menschterkas*). Originaire de la vallée du même nom, il était autrefois confectionné dans les alpages par les marcaires qui, du 29 mai au 29 septembre, y menaient paître leurs vaches. Cet odorant fromage gras au lait entier, à pâte souple et à croûte orangée, a la réputation de bien se conserver.

GEOPLUS

Le vignoble alsacien, un nouvel âge d'or

Des siècles durant, le vin a fait la fortune de l'Alsace, et nombreux sont les villages et les bourgs qui conservent les témoignages architecturaux de cette opulence. Étiré sur près de 170km du nord au sud, mais ne dépassant 4km de large qu'à proximité de Strasbourg, le vignoble alsacien s'étage sur les coteaux qui marquent la transition entre la plaine rhénane et les Vosges. Hormis quelques terroirs plus élevés, il prospère entre 200 et 400m d'altitude, abrité des vents et des pluies par le massif – les collines sous-vosgiennes enregistrent même l'une des plus faibles pluviométries de France : 500mm/an en moyenne.

un terroir d'exception

Même si les vins d'Alsace sont moins cotés qu'autrefois, les crus qui s'épanouissent au pied des Vosges sauront vous séduire, comme les terroirs dont ils sont issus. Le vignoble alsacien présente, en effet, une caractéristique tout à fait unique : les caprices de la géologie ont valu aux sols du piémont des Vosges une variété étonnante. Et comme les conditions climatiques changent en fonction de l'altitude, de l'exposition, de la proximité des montagnes, etc., on obtient des types de vins d'une diversité incomparable. Il y a donc des alsaces pour tous les goûts et pour chaque moment de l'existence. La gastronomie régionale, qui mêle des épices apportées des contrées méditerranéennes aux saveurs fortes du gibier et du poisson de rivière, est parfaitement en phase avec ces vins.

des Romains...

La vigne prospère en Alsace depuis des milliers d'années, et les amas de pépins et autres indices exhumés par les archéologues en divers sites de la vallée du Rhin attestent que le raisin pressé y est consommé depuis des millénaires. Toutefois, la culture méthodique de la vigne dans l'idée de faire fermenter le jus de ses baies remonte selon toute vraisemblance à la période romaine. Quand, au Ier siècle av. J.-C., les légions installent un important camp à Argentoratum, l'actuelle Strasbourg, leurs commandants se font bâtir des villas sur les coteaux voisins. Et bientôt on travaille la vigne sur les collines qui moutonnent à l'ouest de Strasbourg, puis sur les hauteurs

GEOPLUS

de Marlenheim, de Wangen et de Kirchheim. Ces mêmes coteaux accueilleront par la suite une résidence des rois mérovingiens, fort prisée d'un certain Dagobert. Est-ce un abus de vins d'Alsace qui lui fit mettre sa culotte à l'envers, un soir de fête ?

... et des moines

La viticulture s'implante donc sur de nombreuses collines sous-vosgiennes. Et, comme en Bourgogne, son développement va de pair avec celui des abbayes. En effet, fort de son rôle dans la symbolique et la liturgie chrétiennes, le vin est une monnaie d'échange appréciée, et il contribue à la richesse de bien des communautés religieuses. Jalon important : au XIIe siècle, du côté du mont Sainte-Odile, autour du monastère Saint-Léonard, des bénédictins plantent des ceps de pinot noir rapporté de Bourgogne. Ainsi débute la longue histoire de la viticulture alsacienne, dont les rouges seront aussi prisés que les blancs. Après une éclipse au XXe siècle, quelques dizaines de vignerons ont remis les premiers au goût du jour, après avoir retrouvé les meilleurs terroirs pour ces crus.

"A partir du XIIIe siècle, le vignoble alsacien va connaître un fantastique essor. Au XVIe siècle, à son âge d'or, on ne compte plus les bourgs viticoles à l'aisance manifeste : fortifications élaborées, ponts ouvragés, églises richement dotées, maisons patriciennes par dizaines..."

une longue tradition d'exportation

L'ouverture du Rhin au commerce fluvial permet d'exporter une part considérable des vins d'Alsace dès le Moyen Âge : on les apprécie dans tout le Saint Empire romain germanique, mais aussi aux Pays-Bas, en Angleterre et en Scandinavie. Les Italiens affectionnent tant les blancs et les rouges d'Alsace que, lors d'une année de mauvaise récolte, un pape fulmine une bulle d'excommunication contre les édiles strasbourgeois qui veulent interdire l'exportation de ces vins, faute de volumes suffisants !

guerres et déclin

Les tensions géopolitiques vont tout remettre en question. Après la guerre de Trente Ans et le traité de Westphalie, qui consacre, en 1648, l'annexion de l'Alsace (excepté Strasbourg et la région de Mulhouse) au royaume de France, la viticulture régionale perd la majeure partie de ses marchés allemands et son grand axe commercial, le Rhin. Heureusement, la consommation locale se développe, et le vignoble se reconstitue au XVIIIe siècle. Il pâtira toutefois du passage répété des armées françaises, de la Révolution à la fin de l'ère napoléonienne.

GEOPLUS

la tentation du productivisme

Au XIXe siècle, deux viticultures se développent en parallèle. La mise en valeur des meilleurs terroirs permet au vignoble alsacien de redorer son blason. Dans le même temps, les surfaces cultivées se multiplient au profit de vignes à grand rendement. En 1840, le vignoble occupe 28 500ha, soit près du double de sa superficie actuelle, avec de nombreuses exploitations de plaine, qui produisent des vins médiocres. Les menus de banquet de l'époque montrent que les vins portent seulement le nom de leur terroir – comme en Bourgogne ou dans le Bordelais, où l'on nomme les vins d'après leur lieu-dit d'origine et non par leur cépage. On consomme aussi des alsaces de trente ou quarante ans d'âge, ce qui témoigne de leur qualité.

le vin concurrencé par la bière

L'annexion à l'Allemagne, à l'issue de la guerre de 1870, met encore à mal le commerce des vins d'Alsace, mais cette fois-ci avec la France. Et le nouveau maître d'imposer une viticulture de masse pour ne pas concurrencer la production des vignobles d'outre-Rhin. Puis, de 1876 au début du XXe siècle, le phylloxéra et d'autres maladies parasitaires ravagent progressivement le vignoble alsacien du sud au nord. L'encépagement gagne, au profit de cépages plus résistants et de modes de culture qui permettent l'élaboration de vins de meilleure qualité, d'autant que certains terroirs peu propices à la viticulture sont abandonnés. Au même moment, la production industrielle de la bière en fait la deuxième boisson des Alsaciens.
Et, d'une façon générale, l'industrialisation de la région conduit nombre d'exploitants à abandonner la viticulture.
Après le retour de l'Alsace à la France, en 1918, les producteurs commencent à s'organiser. Et plutôt que de lutter inutilement contre les rouges du Midi et d'Algérie, ils décident de réintroduire des cépages nobles et de privilégier la qualité. Mais à peine ont-ils le temps d'échafauder une politique ambitieuse que surviennent la Seconde Guerre mondiale et ses ravages.

la reconstruction à pas de géant

Depuis, dans une Europe qui s'est choisi l'Alsace et sa capitale, Strasbourg, comme symboles de sa réconciliation, les Alsaciens ont consenti des efforts considérables pour rendre à leur vignoble ses lettres de noblesse. La reconstruction est, certes, passée par l'abandon de maints terroirs très anciens, notamment dans le Bas-Rhin (Vosges du Nord et val de Villé). Mais on a pu en sauver l'essentiel avec la reconnaissance de l'appellation

GÉOPLUS

d'origine contrôlée Alsace, obtenue par le décret du 3 octobre 1962. Ce classement en AOC valorisait la région en couvrant la totalité de l'aire viticole, qui a été étendue depuis. Il aura ensuite suffi de quelques années pour instaurer l'AOC Alsace grand cru (classement effectué en 1975, renforcé en 2001), mais les efforts tendant à renouer avec la viticulture de terroir doivent être poursuivis. L'AOC crémant d'Alsace, créée en 1976, est désormais le leader incontesté des effervescents français (hors champagne), avec une production qui a explosé en 2005. L'Alsace a, par ailleurs, imposé ses blancs moelleux et liquoreux sous les dénominations "vendanges tardives" et "sélection de grains nobles" en 1984. Certes, la réglementation a officialisé un usage fort ancien, mais quel succès à la clé ! À côté de ces vins d'exception, l'amateur curieux saura dénicher des domaines où l'on élabore aussi des vins de glace (les raisins sont récoltés en plein hiver à des températures inférieures à – 8°C) ou des vins de paille, selon une tradition ancestrale remise au goût du jour.

une diversité incomparable

Désormais, l'amélioration globale de la qualité des vins d'Alsace est unanimement reconnue. Il est vrai que les efforts consentis se traduisent à tous les échelons de la viticulture régionale. Les trois familles professionnelles – caves coopératives (40%), négociants (35%) et vignerons indépendants (25%) – travaillent dans la même direction. Par ailleurs, même si certains metteurs en marché affichent des prix de vente élevés, mais justifiés, les vins d'Alsace demeurent d'un excellent rapport qualité-prix : on trouve de très bonnes cuvées à partir de 5€ et d'authentiques grands vins autour de 10€.

"Le vignoble alsacien est le seul de France qui soit entièrement classé en AOC. Autre spécificité, il est obligatoire, depuis 1972, de mettre la totalité des vins d'Alsace en bouteille dans leur région d'origine."

L'AOC alsace Le vignoble occupait environ 15 300 ha en 2005. Sa production annuelle se monte à 1,2 million d'hl en moyenne et tend à diminuer. Le pinot noir en représente environ 10%, mais avec une bonne part de rosés et de rouges légers, et le crémant environ 20% – 25% en 2005. Tous deux sont plutôt en croissance. Un quart des ventes s'effectue à l'exportation, sans compter les bouteilles vendues directement dans les caves à des étrangers.
Aux sept principaux cépages autorisés (sylvaner, pinot blanc, gris et noir, muscat, riesling et gewurztraminer) s'ajoutent le chasselas (confidentiel), l'auxerrois (faussement appelé pinot, puisqu'il ne provient pas de cette famille de cépages) et le chardonnay, mais exclusivement pour l'AOC crémant.

GEOPLUS

L'aire d'appellation comprend aussi un assemblage, l'edelswicker. Alors que l'AOC alsace prévoit d'identifier les vins par leur cépage, l'AOC grand cru autorise la mise en valeur du nom du terroir, voire sa mention exclusive.

Les grands crus Avec la délimitation du Kaefferkopf, début 2006, ce sont 51 lieux-dits alsaciens qui bénéficient du classement dans l'AOC alsace grand cru, soit environ 10% de la superficie totale du vignoble, mais, compte tenu de rendements faibles et de contraintes diverses, seulement 3 ou 4% des volumes produits. Ils expriment néanmoins la formidable diversité des sols du vignoble alsacien et des conditions climatiques, marquées par la sécheresse, des collines sous-vosgiennes. Ont droit à cette appellation les cépages les plus nobles (riesling, muscat, gewurztraminer et pinot gris) et, sur le Grand Cru Zotzenberg (Mittelbergheim), le sylvaner. Certains producteurs élaborent par ailleurs de grands crus à partir de pinot noir, notamment, qu'ils commercialisent sous des noms de code, reprenant souvent l'initiale du terroir (F comme Froehn ou Furstentum, V comme Vorbourg, etc.).

LES ETIQUETTES
Comme toute l'Alsace est classée en AOC, point besoin de rechercher des vins de pays, etc. Dans la plupart des cas, le cépage est spécifié (sauf pour les assemblages edelswicker, Gentils et autres initiatives privées). Hormis l'AOC alsace grand cru, peut figurer sur l'étiquette le nom de la cuvée – déterminant le plus souvent un vin à forte maturité, c'est-à-dire avec du sucre – et celui du lieu-dit d'origine.

Le débat des terroirs Des siècles durant, on désigna les alsaces à la manière bourguignonne, par leur lieu d'origine. Des vignerons indépendants ont remis ces pratiques au goût du jour. Suivis désormais par certains négociants et par la plupart des coopératives, ils mettent en marché des vins qui développent les caractéristiques typiques de leur terroir plus que de leur cépage. Ces grands crus, ou vins de lieux-dits – le classement intermédiaire de "premiers crus" est en cours –, présentent des caractéristiques minérales, florales et une longueur en bouche remarquables. Très souvent, ils entrent dans le monde des grands vins, à des prix très abordables.

Les crémants La tradition d'élaborer des effervescents remonte au XIXe siècle en Alsace. Abandonnée dans la première moitié du XXe siècle, cette pratique est revenue en force à tel point qu'en 2005, c'est un potentiel de 35 millions de cols qui a été produit en Alsace ! Ce succès phénoménal s'explique par la parfaite adéquation entre les terroirs et les cépages alsaciens

GEOPLUS

avec la méthode "traditionnelle" – la "méthode champenoise" étant réservée à la Champagne. Les crémants représentent désormais près de 25% du vin élaboré en Alsace, avec des cuvées d'un rapport qualité-prix imbattable. Lors de dégustations aveugles, les revues spécialisées les classent dans le peloton de tête des champagnes, vendus trois ou quatre fois plus cher.

Les vendanges tardives et sélections de grains nobles
Ces vins exceptionnels sont élaborés en Alsace depuis des siècles. Cette tradition a été gravée dans le marbre de la loi en 1984 seulement, avec des contraintes plus strictes que dans d'autres régions viticoles. Ces vins moelleux et liquoreux se caractérisent par une concentration des arômes contenus dans le raisin, soit par le maintien des grappes sur pied après les dates habituelles de vendange, soit grâce au développement d'un champignon, le *Botrytis cirenea*. Cette moisissure, nuisible la plupart du temps, favorise la concentration des arômes du raisin et leur donne une puissance incomparable.

des cépages et des styles

Traditionnellement, les alsaces sont secs, c'est-à-dire qu'ils ne contiennent pas ou peu de sucre résiduel. Mais maints viticulteurs élaborent désormais des cuvées afin de satisfaire les consommateurs que la mode a habitués à la présence presque systématique de sucre dans les vins. Attention donc : dans une cave comme au restaurant, précisez bien que vous voulez un vin sec ou plutôt "rond". Globalement, la plupart des muscats, sylvaners et rieslings sont secs. Pour les autres, cela dépend des producteurs.

Le chasselas Devenu très rare, c'est un vin apprécié l'été pour sa fraîcheur. Il donne la sensation de croquer des fruits mûrs.

Le sylvaner Injustement mésestimé et avec une production en baisse constante (moins de 10% désormais), il donne souvent de petits bijoux de fraîcheur. Ces vins parfumés, mais sans sucres résiduels, conviennent aux repas de tous les jours. Sur certains terroirs (le Zotzenberg, où ils sont autorisés en AOC grand cru, ou encore le Zinnkoepflé), ce sont d'authentiques grands vins.

Le pinot blanc Fort apprécié à l'exportation, ce vin authentique est un compagnon des moments simples, avec des volailles, des préparations aux œufs, etc. Il connaît, hélas, une dérive vers un style très sucré.

L'auxerrois Parfois appelé pinot auxerrois (quoique n'étant pas de la famille des pinots) ou clevner (ne pas confondre avec le klevener de Heiligenstein, cf. plus bas), ce cépage a été introduit au début du XXe siècle en Alsace en provenance

GEOPLUS

des coteaux mosellans. Il peut donner des vins d'une grande finesse.

Le riesling C'est, dit-on, le roi des cépages alsaciens. Cultivé dans le monde entier, il offre en Alsace une palette gustative exceptionnelle. Avec son fruité incomparable, sa grande vivacité dans les vins génériques (les plus simples), il rafraîchit à table en toutes circonstances. Élaboré sur des terroirs favorables – ils sont très nombreux –, il acquiert une minéralité qui lui permet de vieillir 15 ou 20 ans et de s'arrondir en bouche. Travaillé en vendanges tardives ou en sélection de grains nobles, il conserve une intensité qui en fait un sommet du genre.

Le pinot gris C'est un vin à la mode, qui représente près de 20% de la production. Les sucres résiduels dont on a tendance à le charger masquent parfois une richesse aromatique surprenante. Bien travaillé, il accompagne à merveille les mets riches de la gastronomie alsacienne comme les plats exotiques.

Le gewurztraminer Réputé pour ses arômes de fruits tropicaux, de pétales de rose et d'épices (*Gewurz* en allemand), il représente pour beaucoup un sommet des vins d'Alsace. Il offre des possibilités de vieillissement considérables en vendanges tardives et en sélection de grains nobles.

Le muscat À ne pas confondre avec les vins doux du Sud (rivesaltes, beaume-de-venise, etc.). C'est ici un vin sec (contenant très peu de sucre résiduel), mais dont la dégustation évoque des fruits frais et croquants. L'apéritif idéal !

Le pinot noir C'est le seul cépage rouge autorisé en Alsace. Il est souvent vinifié en rosé – ces rosés ont considérablement gagné en qualité ces dernières années. Et les vignerons alsaciens sont revenus à la tradition séculaire des vins rouges, sur certains terroirs parfaitement adaptés (Marlenheim, Ottrott-Boersch, Saint-Hippolyte, Rodern, Kientzheim, Rouffach, etc.), avec une réelle réussite désormais.

Le savagnin rose Autorisé exclusivement à Heiligenstein et dans quelques communes voisines, ce cépage jurassien s'est bien acclimaté au pied du mont Sainte-Odile, sous la dénomination klevener de Heiligenstein. Ses cuvées les mieux travaillées permettent une longue garde.

QUELQUES ÉVÉNEMENTS

Fêtes vinicoles sur la Route des vins
Liste sur le site du Conseil interprofessionnel des Vins d'Alsace : www.vinsalsace.com.

Foires aux vins
Les plus importantes sont celles de Colmar, de Barr et d'Eguisheim. Ailleurs, elles sont souvent organisées par les caves coopératives.

Pique-nique du lundi de Pentecôte
Animé par des vignerons indépendants, gratuit et ouvert à tous. Très convivial ! Liste des participants et modalités d'accueil sur www.alsace-du-vin.com

GEOPLUS

L'edelswicker Il s'agit d'un assemblage et non d'un cépage, autorisé dans le cadre de l'AOC. En général, il contient du gewurztraminer et du riesling. Bien fait, c'est un vin sec, mais très fruité, idéal en pichet pour accompagner les repas simples. Le Gentil est aussi un assemblage, mais d'une diffusion confidentielle.

où déguster les alsaces ?

Avant de les déguster, encore faut-il pouvoir les commander. C'est une évidence : en Alsace, les noms patronymiques et cadastraux ont, pour la plupart, une origine germanique. La prononciation cumulée d'un nom de lieu-dit, du cépage et d'un patronyme alsacien a de quoi inquiéter ceux qui méconnaissent l'allemand. La franchise des arômes des vins saura les rassurer et les séduire.

Au restaurant. Partout en Alsace, on trouve des *winstub* (de *Win*, le vin, et *Stub*, la pièce la plus chaleureuse des maisons paysannes). Leurs tenanciers sont souvent unis par des liens familiaux à un viticulteur. On y sert une cuisine simple, mais non dénuée de finesse, et des vins de propriété, souvent au pichet. Dans les autres restaurants, la carte des vins fait généralement la part belle aux vins d'ailleurs... cantonnant parfois les alsaces dans le rôle de faire-valoir.

Dans les caves. La réputation de convivialité des Alsaciens n'est pas usurpée, même si, comme ailleurs, il y a des exceptions. En règle générale, on vous réservera un excellent accueil dans le vignoble. Sachez toutefois que les caveaux des caves coopératives et des maisons de négoce ferment souvent entre 12h et 14h, voire le dimanche hors saison touristique. Mieux vaut donc vous renseigner au préalable. Le Syndicat des vignerons indépendants d'Alsace a établi une charte d'accueil (liste sur *www.alsace-du-vin.com*), qui garantit certaines prestations aux visiteurs. Les dégustations sont rarement payantes. Les caves sont ouvertes presque toute l'année et souvent 7 jours sur 7, ce qui ne vous empêche pas de respecter les repas des vignerons, comme leur tranquillité le soir. Et ne vous laissez pas emporter par l'élan de la dégustation : rappelez-vous que les vins "ronds" sont parfois difficiles à marier avec la gastronomie classique, et que les vins plus secs sont parfaits à table.

Didier Bonnet
Rédacteur en chef du magazine "Vignerons d'Alsace(s)"

Quand partir ? La plus petite région de France connaît un climat continental, avec des hivers froids et secs, des étés chauds et orageux et de belles intersaisons. En mars débute le **printemps** et, quand pointent les premiers bourgeons, le vélo invite à d'agréables découvertes. Si l'**été** (juin-août) est la meilleure saison pour randonner sur les ballons vosgiens, constellés de fleurs, c'est à l'**automne** que vous profiterez pleinement des magnifiques couleurs de la nature, que ce soit en forêt, où il fait bon se promener, ou sur les coteaux, qui offrent le double spectacle des vendanges et des vignes flamboyantes. L'**hiver** s'annonce en novembre. Tous les marchés de Noël vous en convaincront, l'Alsace entière se prépare alors à célébrer la plus importante fête de l'année ! C'est aussi la saison où les amateurs de ski et de raquettes se retrouvent dans les chaleureuses stations du massif vosgien.

Se rendre en Alsace

GEOMEMO

Saisons touristiques	juillet-août, décembre (Noël), février	
Températures		
moyenne en janvier	min. -2°C	max. 4°C
moyenne en juillet	min. 15°C	max. 27°C
Ensoleillement	environ 2 000h/an	
Précipitations	environ 750mm/an sur 150 jours	
moyennes	février 35mm	juillet 68mm
Prévisions Météo-France	Tél. 08 32 68 02 + 67 (Bas-Rhin) + 68 (Haut-Rhin) www.meteofrance.com	

Se rendre en Alsace en avion

La position frontalière de l'Alsace et les activités européennes de Strasbourg sont pour beaucoup dans le large choix de vols à destination de cette région.

Air France. La compagnie assure des liaisons directes Paris-Strasbourg (16 vols/j.) et Lyon-Strasbourg (4 vols/j.). Pour relier Marseille, Bordeaux et Rennes à Strasbourg, il vous faudra transiter par Paris (de 6 à 8 vols/j.). Air France propose aussi de fréquentes liaisons avec Mulhouse à partir de Paris (11 vols/j.), Lyon (8 vols/j. non directs ou 2 vols/j. directs), Marseille (8 vols/j. non directs), Bordeaux (8 vols/j. non directs ou 2 vols/j. directs) et Rennes (8 vols/j. non directs ou 1 vol/j. direct). Le prix du billet varie selon la date de réservation et celle du départ (gammes "Évasion" et "Semaine"). Tarifs préférentiels pour les 12-24 ans, les seniors (60 ans et plus), les couples et les familles. Comptez de 117 à 444€ l'AR. Les cartes nominatives "Fréquence Plus" et "Fréquence Jeune", valables sur des destinations en France comme à l'étranger, permettent de cumuler des miles en vue de bénéficier de billets gratuits. ***Rens.*** *Aéroport de Strasbourg Tél. 03 88 64 67 67 Aéroport de Bâle-Mulhouse-Freiburg Tél. 03 89 90 31 11* ***France*** *49, av. de l'Opéra 75002 Paris Tél. info. 0820 820 820 www.airfrance.fr*

Se rendre en Alsace en train

Sachez qu'il est possible de commander des billets sur Internet et de se les faire livrer gratuitement à domicile.

De Paris De la gare de l'Est, on peut rallier Strasbourg en Corail Téoz (10 trains/j.) et Mulhouse en Corail (8 trains/j.) pour environ 50€. Comptez 4h30 de trajet. De ces deux gares, correspondance pour Colmar. La nouvelle ligne **TGV Est** met Paris à 2h20 de Strasbourg, à 2h50 de Colmar et à 3h10 de Mulhouse. ***Rens.*** *www.tgvesteuropeen.com*

Du sud de la France Il vous faudra rejoindre Lyon qui assure des liaisons directes avec Strasbourg, Colmar et Mulhouse, à raison d'une dizaine de trains Corail par jour et à partir de 91€ l'AR. Des trains de nuit partent de Marseille (100€) et d'Avignon (85€) vers Strasbourg. ***Rens.*** *www.voyages-sncf.com Tél. info. 36 35*

pass

Inter Rail. Le pass vous permet de voyager en 2e classe dans 30 pays d'Europe (dont la France) pendant 16, 22 ou 30 jours consécutifs, sans limite de trajets au sein de la ou des zones sélectionnées (ex. zone E : France, Belgique, Pays-Bas, Luxembourg). Le pass de 16 jours, valable dans une seule zone, revient à 286€ en plein tarif, à 195€ pour les moins de 26 ans et à 143€ pour les moins de 12 ans. Le pass de 30 jours, valable dans toutes les zones, coûte 546€ pour les adultes et 385€ pour les jeunes de moins de 26 ans. ***Rens.*** *www.interrail.com*

réductions

Les **voyageurs occasionnels** peuvent profiter d'une remise de 25% en optant pour un tarif "Découverte" : "Enfant+" (un adulte accompagné d'un enfant de moins de

12 ans), "12-25", "Senior" (60 ans et plus), "À deux" (jusqu'à 9 pers.) et "Séjour" (AR 200km minimum, nuit de sam. à dim. sur place). Des réductions plus conséquentes, les tarifs "prem's", sont consenties à ceux qui réservent leur billet de 3 mois à 15 jours avant la date de départ. Sinon, les "offres dernière minute" que la SNCF propose sur différentes destinations françaises tous les mardis sont l'occasion de voyager à prix doux en TGV et en train Corail. Les **voyageurs réguliers** bénéficient de réductions de 25 à 50% sur un nombre illimité de trajets au cours d'une année en achetant une carte d'abonnement : "Enfant+" (65€), "12-25" (49€), "Senior" (50€) et "Escapades" (99€, remise de 25% garantie, AR 200km minimum, nuit de sam. à dim. sur place). Les titulaires de la carte "Grand Voyageur" (20€) peuvent obtenir des billets gratuits en cumulant des points sur trois ans.

Se rendre en Alsace en voiture

L'axe rhénan, région dynamique au cœur de l'Europe, dispose d'un excellent réseau routier et autoroutier. **De Paris**, l'autoroute de l'Est A4 permet de rallier Strasbourg en 5h environ. Il est aussi possible d'aller à Colmar en passant par l'A5, puis en bifurquant vers l'E54-N19 au niveau de Roye (5h environ). **Du nord de la France**, on rejoint l'A4 à Reims en prenant l'A1 puis l'A26. **Du Sud**, il vaut mieux suivre l'A8 jusqu'à Beaune, puis l'A36 jusqu'à Mulhouse. De la Côte d'Azur, vous mettrez au moins 10h. **De l'Ouest et du Sud-Ouest**, vous devrez transiter par Paris, et compter entre 10 et 15h de route.

Se rendre en Alsace

GEOPRATIQUE

Opter pour un hébergement "vert", randonner à pied ou à vélo sur les sentiers vosgiens, dénicher de vrais produits du terroir, suivre la ronde des fêtes jusqu'à Noël, choisir une station de ski : de **A** comme Assurances à **U** comme Urgences, en passant par **F** comme Fêtes, **H** comme Hébergement, **R** comme Restauration ou **S** comme Shopping et Sports, toutes les réponses à vos questions avant de partir et sur place.

Informations utiles de A à Z

Pour les informations pratiques
ne figurant pas dans cet ouvrage,
reportez-vous à la version intégrale
du **GEOGuide Alsace**,
disponible en librairie.

GEOMEMO

Comité régional de tourisme Alsace	20A, rue Berthe-Molly 68000 Colmar Tél. 03 89 24 73 50 www.tourisme-alsace.com
Association départementale du tourisme du Haut-Rhin	1, rue Camille-Schlumberger 68000 Colmar Tél. 03 89 20 10 68 www.tourisme68.asso.fr
Agence pour le développement touristique du Bas-Rhin	9, rue du Dôme 67000 Strasbourg Tél. 03 88 15 45 88 www.tourisme67.com
Réservations SNCF	www.voyages-sncf.com
Fédération française de randonnée pédestre	9, rue Meyer 67500 Haguenau Tél. 03 88 90 76 06 www.ffrandonnee.fr
Club vosgien	16, rue Sainte-Hélène 67000 Strasbourg Tél. 03 88 32 57 96 www.club-vosgien.com
Infos ski	www.massif-des-vosges.com

Fêtes et manifestations

fêtes de l'Avent et de Noël

Couronnes de l'Avent, saint Nicolas, Christkindel, Hans Trapp (père Fouettard), grands sapins, illuminations… les fêtes de fin d'année prennent en Alsace une ampleur inégalée. Entre la Sainte-Catherine (25 nov.) et l'Épiphanie (6 jan.), le temps d'une journée, d'un week-end ou durant toute la période, chaque village célèbre à sa façon l'approche de Noël. Impossible, donc, de citer toutes les dates ! Les offices de tourisme et syndicats d'initiative vous fourniront tous les renseignements nécessaires. Sachez cependant que la Saint-Nicolas (6 déc.) occupe une place de choix dans le cœur des petits Alsaciens, auxquels le saint patron des écoliers apporte présents et friandises… s'ils ont été sages. Colmar, Mulhouse et Sélestat (berceau du sapin de Noël) ont un programme d'animations particulièrement riche et haut en couleur (spectacles, expositions, dégustations, concerts, cortèges…). Partout dans la région, les marchés vendent des décorations de Noël, de l'artisanat, des produits du terroir. Strasbourg accueille le plus important marché de Noël et Kaysersberg, l'un des plus beaux. Pour plus de précisions, consultez le site du Comité régional du tourisme (*www.noel-alsacetourisme.com*).

fêtes, festivals et jours fériés

Les fêtes de Noël sont le point d'orgue d'une série de manifestations qui voit se succéder carnavals, fêtes traditionnelles diverses, grandes expositions et festivals tout au long de l'année… ou presque ! En novembre, la région ménage ses forces pour l'Avent. Après Noël, elle se donne un mois de repos. Dates exactes disponibles dans les offices de tourisme locaux ou les deux organismes départementaux du tourisme. Attention au régime particulier de l'Alsace : le **vendredi saint** et le **26 décembre** ("deuxième jour de Noël") y sont fériés.

Calendrier des fêtes et manifestations

Février	Colmar	Carnaval (1 ou 2 j. à la fin du mois)
	Mothern	Carnaval (dim. précédant mardi gras)
	Mulhouse	Carnaval international (1 dim. en fév. ou mars)
	Sélestat	Carnaval des Machores (1er w.-e. après mardi gras)
Mars	Masevaux	Jeux de la Passion (les 5 dim. avant Pâques)
	Saverne	Carnaval (1er sam.)
Avril	Obernai	Festival Pisteurs d'étoiles (10 j. fin du mois-début mai)
Mai	Ebersmunster	Heures musicales (les dim. de mai et juil.)
Juin	Ferrette	Fête médiévale (1 w.-e. de la 2e quinzaine, tous les 2 ans)
	Masevaux	Festival international d'orgues (juin-sept.)
	Sainte-Marie-aux-Mines	Euro-minéral-Euro-gemmes (dernier w.-e.)
	Saverne	Fête des Roses (3e dim.)
	Thann	Crémation des trois sapins (le 30)
Juillet	Colmar	Festival international de musique (10 j. la 1re quinzaine)
	Guebwiller	Les Dominicains de haute Alsace (1 sem. à la fin du mois)
	Masevaux	Festival international de marionnettes (2 j. à la fin du mois)
	Mulhouse	Festival automobile (3 j. au milieu du mois)

	Obernai	Course nocturne du Hans (3e sam.)
	Seebach	Streisselhochzeit (dim. suivant le 14)
	Saint-Pierre-Bois	Rêve d'une nuit d'été (2e quinzaine)
	Thannenkirch	Fête de la Cerise (2e w.-e.)
Août	Benfeld	Fête du Stubbehansel (3e dim.)
	Haguenau	Fête du Houblon (dernière sem.)
	Le Faudé	Grande fête champêtre du Faudé (le 15)
	Marlenheim	Mariage de l'ami Fritz (14 et 15)
	Mulhouse	Festival de jazz (2e quinzaine)
	Stosswhir	Les mariés du Frankenthal (2e w.-e.)
Septembre	Colmar	Festival de jazz (6 j.)
	Krautergersheim	Fête du Chou et de la Choucroute (tout le mois)
	Molsheim	Festival Bugatti (au milieu du mois)
	Munster	Fête de la Transhumance et du Munster (2 j. au début du mois)
	Ribeauvillé	Fête des Ménétriers (1er dim.)
	Rosheim	Corso fleuri (2e dim.)
	Strasbourg	Musica (fin sept.-début oct.)
		Ososphère (fin sept.-début oct.)
	Sélestat	Sélest'art (5 sem. mi-sep.-mi.-oct. ; tous les 2 ans)
Novembre	Altkirch	Foire Sainte-Catherine (le 25)
	Strasbourg	Jazz d'Or (15 j.)
		ST'ART (5 j.)
Décembre	Erstein	Marché aux sucreries (1er w.-e. de l'Avent)

Fêtes viticoles. Dans les villages prospères de la Route des vins, des premières pousses aux dernières vendanges, l'Alsace fête son vignoble et ses vignerons. De belles occasions pour découvrir les robes, nez et bouches des millésimes passés ou futurs. Calendrier complet sur le site du Conseil interprofessionnel du vin d'Alsace (*www.vinalsace.com*) et dans les offices de tourisme.

Avril	Dambach-la-Ville	Pierres et Vins de Granite (3e w.-e.)
Mai	Guebwiller	Foire aux Vins (jeu. de l'Ascension)
Juillet	Mittelbergheim	Fête du Vin (dernier w.-e.)
Août	Andlau	Fête du Vin (1er w.-e.)
	Blienschwiller	Du Cep au verre (les deux 1ers jeudis)
	Colmar	Foire régionale des vins d'Alsace (10 j.)
	Dambach-la-Ville	Eurovin (14 et 15)
	Eguisheim	Fête des Vignerons (dernier w.-e.)
	Obernai	Foire aux Vins (5 j. au milieu du mois)
	Soultzmatt	Nuit des Grands Crus du Zinnkoepflé (1er w.-e.)
Octobre	Barr	Fête des Vendanges (1er w.-e.)
	Marlenheim	Fête des Vendanges (2 j.)
	Mittelbergheim	Fête du Vin nouveau (2e dimanche)
	Obernai	Fête du Vin (3e w.-e.)

Sports d'hiver

Si les stations vosgiennes ne peuvent rivaliser avec celles des Alpes et des Pyrénées, et si le nombre des pistes de ski alpin y reste limité, elles présentent l'avantage d'être moins fréquentées et moins chères. Plus calmes aussi, elles sont idéales pour des vacances en famille. Ici, pas de queues interminables au pied des remonte-pentes ni d'embouteillages sur les pistes ! En outre, l'altitude relativement faible, qui suppose un enneigement moindre, offre en contrepartie l'avantage de l'accessibilité. Enfin, la moyenne montagne réunit les conditions idéales à la pratique du ski de fond. Mais que les casse-cou se rassurent : le massif vosgien ne se réduit pas à une grande piste verte ! Une dizaine de stations disposent de pistes rouges et noires. Celles du Markstein ont d'ailleurs accueilli des épreuves de la Coupe du monde. Au total, l'Alsace compte 13 sites, dont 11 dans le Haut-Rhin. Le Ballon d'Alsace, le Markstein-Grand Ballon, le Schnepfenried et le Lac-Blanc sont les plus prisés. ***Rens*** *www.massif-des-vosges.com.* **École du ski français.** Cours tout niveau dans la plupart des stations. *www.esf.net*

Vosges du Sud

Elles abritent quatre grands ensembles : le ballon d'Alsace, le massif du Markstein-Grand Ballon et le val de Saint-Amarin, la vallée de Munster et la vallée de la Weiss.

LE BALLON D'ALSACE

Ballon-d'Alsace (800-1 247m). Près de Mulhouse et Belfort, la station est dominée par le sommet le plus méridional du massif des Vosges. Quinze pistes de ski alpin (5 vertes, 2 bleues, 6 rouges, 2 noires), 45 km de pistes de ski de fond. Raquettes. ***Office de tourisme de Masevaux*** *1, place Crayardon 68290 Masevaux Tél. 03 89 82 41 99 www.ot-massevaux-doller.fr* ***Info pistes*** *Tél. 03 84 29 36 76 (ski alpin) Tél. 03 29 25 20 38 (ski de fond)*

Dolleren-Le Schlumpf (675-1 017m). L'une des plus petites stations de ski alpin des Vosges, dans la vallée de la Doren et dépendant de l'office de tourisme de Masevaux. Une piste verte, 2 rouges. ***Infos pistes*** *Tél. 03 89 82 01 41*

MASSIF DU MARKSTEIN-GRAND BALLON – VAL DE SAINT-AMARIN

Le Markstein (1 020-1 266m). En accueillant la Coupe du monde en 1983 et en 1987, la station est devenue l'une des plus prisées des Vosges. Proches de Thann et de Guebwiller, 12 pistes de descente (3 vertes, 4 bleues, 4 rouges, 1 noire) et plus de 50km de pistes de ski de fond. L'une d'elles relie la station au Grand Ballon et au Schnepfenried. Ski nocturne, jardin des neiges, raquettes, luge… Le week-end, navettes au départ de Mulhouse. *www.lemarkstein.net* ***Office de tourisme du val de Saint-Amarin*** *81, rue Charles-de-Gaulle 68550 Saint-Amarin Tél. 03 89 82 13 90 www.ot-saint-amarin.com* ***Infos pistes*** *Tél. 03 89 82 14 46*

Grand-Ballon (1 050-1 350m). À l'ombre du toit des Vosges (1 424m), magnifiques vues sur la plaine d'Alsace, la Forêt-Noire et les Alpes. Neuf pistes de ski alpin (1 verte, 3 bleues, 4 rouges, 1 noire), 1 piste de ski de fond (6km) et une autre faisant la liaison avec le Markstein et le Schnepfenried. *www.lemarkstein.net* ***Office de tourisme de Soultz*** *14, pl. de la République 68360 Soultz Tél. 03 89 76 83 60 www.tourisme-guebwiller-soultz.com* ***Infos pistes*** *Tél. 03 89 83 13 25*

Le Frenz (770-1 095m). Deux pistes de descente (1 verte, 1 bleue) et une piste de luge pour ce petit domaine de la vallée de la Thur. Rens. à l'office de tourisme du val de Saint-Amarin ***Infos pistes*** *Tél. 03 89 82 20 47*

LA VALLÉE DE MUNSTER Pour tout renseignement sur les stations suivantes, prenez contact avec l'office de tourisme de Munster ou le Syndicat mixte d'aménagement des stations de la vallée (*www.stations-munster.fr*). Pour le ski de fond, consultez aussi le site de la Communauté de communes de la vallée de Munster (*www.cc-vallee-munster.fr*). ***Office de tourisme de Munster*** *1, rue du Couvent 68140 Munster Tél. 03 89 77 31 80 www.la-vallee-de-munster.com*

Le Schnepfenried (1 028-1 254m). La plus importante station de la vallée et l'une des plus grandes des Vosges alsaciennes. Treize pistes de ski alpin (2 vertes, 3 bleues, 4 rouges, 4 noires) et 70km de pistes de fond. Piste de 14km jusqu'au Markstein et au Grand Ballon. Ski nocturne mardi, vendredi et samedi 19h-22h. Espace free-style, pistes de raquettes, luge. ***Infos pistes*** *Tél. 03 89 77 61 58*

Le Gaschney (990-1 280m). Porte d'entrée du massif du Hohneck, une petite station à cheval sur la petite et la grande vallée de Munster. Sept pistes de ski alpin (1 verte, 1 bleue et 5 rouges), raquettes, luge.

Le Tanet (990-1 288m). Un cadre sauvage, dans les cirques glaciaires du lac Vert et du lac des Truites, et de belles vues sur les Vosges le long des 6 pistes de ski alpin (1 verte, 2 bleues, 2 rouges, 1 noire). ***Station*** *Tél. 03 89 77 27 24 www.letanet.fr*

Les Trois-Fours (1 230-1 250m). En bordure de la route des Crêtes, entre le col de la Schlucht et le Hohneck, station familiale pour adeptes du ski de fond. Plus de 13km de pistes. Beaux panoramas sur la vallée de Munster, la Forêt-Noire et les Alpes.

LA VALLÉE DE LA WEISS

Lac-Blanc (845-1 250m). La plus grande station d'Alsace. Treize pistes de ski alpin (5 vertes, 2 bleues, 5 rouges, 1 noire) et 54km de pistes de fond. Ski nocturne, raquettes, snowpark. ***Station du Lac-Blanc*** *www.lac-blanc.com* ***Office de tourisme de la vallée de Kaysersberg et Orbey*** *48, rue Charles-de-Gaulle 68240 Kaysersberg Tél. 03 89 70 22 78 www.kaysersberg.com* ***Infos pistes*** *Tél. 03 89 71 35 45 (ski alpin) Tél. 03 89 71 27 11 (ski de fond)*

Col des Bagenelles (900-1 125m). Ses 54km de pistes de fond, libres d'accès, s'étendent entre la vallée de Sainte-Marie-aux-Mines et la vallée de la Weiss, à la porte nord des hautes Vosges. La station, qui n'ouvre que le mercredi et le week-end, possède aussi 3 pistes de ski alpin. Pistes de raquettes et de luge. Location de matériel au village du Bonhomme. ***Office de tourisme du val d'Argent*** *86, rue Wilson 68160 Sainte-Marie-aux-Mines Tél. 03 89 58 80 50 www.valdargent.com*

Vosges moyennes

Massif du Champ du Feu (900-1 100m). Entre la vallée de la Bruche et le val de Villé, au cœur des Vosges moyennes, le Champ du Feu est l'unique station de ski alpin du Bas-Rhin (13 pistes, dont 6 vertes, 2 bleues, 5 rouges) et la seule d'Alsace à proposer un circuit biathlon. Plus de 60km de pistes de ski de fond. Raquettes, luge. ***Station du Champ-du-Feu*** *www.lechampdufeu.com Tél. 03 88 97 30 14* ***Office de tourisme de la haute vallée de la Bruche*** *114, Grand'Rue 67130 Schirmeck Tél. 03 88 47 18 51*

Massif du Donon (633-1 009m). De Grandfontaine à Raon-sur-Plaine, l'Alsace et la Lorraine se partagent les 65km de pistes de ski de fond du massif du Donon. ***Office de tourisme de la haute vallée de la Bruche*** *114, Grand'Rue 67130 Schirmeck Tél. 03 88 47 18 51*

Massif du Schneeberg (662-961m). Quelque 75km de pistes de fond à découvrir à proximité de Wangenbourg, capitale de la magnifique Suisse d'Alsace. ***Office de tourisme de Wangenbourg-Engenthal*** *32a, rue du Général-de-Gaulle 67710 Wangenbourg-Engenthal Tél. 03 88 87 32 44 www.suisse-alsace.com*

Sports et loisirs

randonnées pédestres

La plus petite région de France peut se vanter de la diversité de ses paysages : d'est en ouest, les rives fertiles du Rhin, la verdoyante plaine d'Alsace et les reliefs tourmentés des Vosges mettront le randonneur dans l'embarras du choix. D'autant que l'aménagement des sentiers a été pensé pour satisfaire toutes les envies, de la petite balade dominicale à l'expédition de quinze jours, selon une logique géographique (circuit autour d'un massif forestier, le long d'une crête, dans le fond d'une vallée…) ou thématique (châteaux, vignobles, sites archéologiques, etc.). Un réseau de sentiers d'une rare ampleur et une importante infrastructure d'accueil (hôtels, gîtes d'étape, fermes-auberges, refuges…) permettent de découvrir la région été comme hiver dans ses moindres recoins. Tout cela grâce, notamment, au très actif Club vosgien. Les offices de tourisme et les syndicats d'initiative recensent les randonnées à effectuer dans leur secteur ; retrouvez leurs coordonnées au fil de votre GEOGuide. Consultez aussi les bureaux touristiques départementaux (cf. Informations touristiques) et explorez Internet : *www.alsacerando.com, www.alsace-vosges-rando.com, www.horizons-alsace.com, http://alsaceenrandonnee.com, www.rescator.org/baladapied/*

Le Club vosgien. La plus ancienne fédération d'association de randonneurs pédestres de France, créée en 1872, est méconnue à l'ouest des Vosges, mais elle reste dans le cœur de tous ceux qui la découvrent et apparaît comme une bénédiction aux yeux des randonneurs ! Fort de 35 000 membres, regroupant 110 associations et couvrant 7 départements (Haut-Rhin, Bas-Rhin, Moselle, Meurthe-et-Moselle, Vosges, Haute-Saône, Territoire de Belfort), le Club a aménagé et balisé, par une signalétique reconnaissable à ses formes géométriques déclinées en bleu, vert, jaune et rouge, près de 19 000km de sentiers (dont, côté alsacien, le GR® 53 qui traverse le parc naturel des Vosges du Nord). De louables efforts qui ont pour objectif de développer le tourisme pédestre tout en préservant les sites naturels et historiques de la région. Le Club gère aussi une trentaine de refuges et propose des activités de plein air : ski et raquettes, escalade, marche d'orientation et VTT. Enfin, il a conçu huit cartes au 1/50 000,collaboré à l'édition de vingt-quatre cartes de l'IGN au 1/25 000 et publie une revue trimestrielle (*Les Vosges*), 4 guides incluant 1 000 randonnées ainsi que de nombreux et précieux topoguides. *16, rue Sainte-Hélène 67000 Strasbourg Tél. 03 88 32 57 96 www.club-vosgien.com*

FFRP Alsace (Fédération française de randonnée pédestre). Elle trace les itinéraires de grande randonnée (GR®), balisés en rouge et blanc, de grande randonnée de pays (GR de Pays®), en rouge et jaune, et ceux des promenades et randonnées (PR®), souvent identifiés par un trait jaune. Elle fournit de précieux conseils (équipement, orientation, etc.), informations (hébergement, parcs naturels, etc.), diverses prestations (formation, assurance...), publie cartes et topoguides. Sur Internet, plusieurs liens vers des organismes spécialisés (Club vosgien, Les P'tits Randonneurs d'Alsace, Ried Rando, Gays Randonneurs d'Alsace, etc.). Le Club vosgien en est membre. *9, rue Meyer 67500 Haguenau Tél. 03 88 90 76 06 www.ffrandonnee.fr*

SENTIERS VITICOLES Le Conseil interprofessionnel du vin d'Alsace diffuse la liste de tous les sentiers viticoles de la région.
CIVA. *12, av. de la Foire-aux-Vins 68000 Colmar Tél. 03 89 20 16 20 www.civa.fr*

PARCS NATURELS L'Alsace abrite deux parcs naturels régionaux : à eux deux, le parc des Ballons des Vosges et le parc des Vosges du Nord totalisent quelque 9 000km de sentiers balisés par le Club vosgien.
Parc naturel régional des Ballons des Vosges. *Maison du Parc 1, cour de l'Abbaye 68140 Munster Tél. 03 89 77 90 34 www.parc-ballons-vosges.fr*
Parc naturel régional des Vosges du Nord. *Maison du Parc 67290 La Petite-Pierre Tél. 03 88 01 49 59 www.parc-vosges-nord.fr*
Comité de promotion touristique collective du massif des Vosges. *1, rue Schlumberger 68000 Colmar Tél. 03 89 20 10 68 www.massif-des-vosges.com*

RANDONNÉES GASTRONOMIQUES ET/OU SANS BAGAGE Une formule qui se développe : d'un hôtel à l'autre, randonnez léger ; le transfert de vos bagages est pris en charge.
Horizons d'Alsace. Cette association organise des séjours de randonnées gastronomiques et "sans bagages". *28, rue du Général-Dufieux 68650 Lapoutroie Tél. 03 89 78 35 20 www.horizons-alsace.com*

CONSEILS Dans tous les cas, faites d'importantes provisions d'eau. Prévoyez un vêtement chaud et un autre contre la pluie, une ou plusieurs cartes, des (topo-) guides et une boussole, des vivres, une protection solaire, un chapeau (en été), une trousse de secours. Planifiez votre itinéraire et évitez de partir seul. Suivez les balises, n'improvisez pas de raccourcis et utilisez votre sens de l'observation ! En cas d'hésitation, revenez sur vos pas plutôt que de poursuivre à l'aveuglette. Enfin, où que vous soyez, n'abandonnez pas vos déchets et ne perturbez pas les animaux. En forêt, n'allumez pas de feu. En zone protégée, interdisez-vous la cueillette.

golf

De Soufflenheim à Hagenthal-le-Bas, les onze golfs de la Ligue alsacienne soulageront tous ceux que le swing démange ! Dans le cadre du label Golfs in Alsace mis en place avec le Conseil régional, sept d'entre eux accueillent les non-adhérents : les golfs de LaLargue (Mooslargue) et des Bouleaux (Wittelsheim), l'Alsace Golf Club (Rouffach) et les golfs d'Ammerschwihr, du Kempferhof (Plobsheim), de La Wantzenau et de Soufflenheim. Le site *www.golfsinalsace.com* fournit, outre la description des golfs, des informations touristiques et le lien avec le comité régional du tourisme, partenaire du projet.
Ligue de golf d'Alsace. *Route du Rhin 67400 Illkirch-Graffenstaden Tél. 03 88 55 44 84 www.alsacegolf.com*

GEOREGION

Capitale régionale et européenne, Strasbourg a conservé de ses deux mille ans d'histoire un patrimoine exceptionnel, dont un joyau : sa cathédrale gothique. Au sud, jusqu'à Sélestat, s'étend le Grand Ried, vaste plaine marécageuse façonnée par le Rhin. À l'ouest, à Marlenheim, s'ouvre la Route des vins d'Alsace. Elle passe au pied de la mythique silhouette du mont Sainte-Odile et des Vosges moyennes, où le val de Villé et les vallées de la Bruche, de la Hasel et de la Mossig constituent autant de paradis pour les randonneurs, à pied l'été comme à skis l'hiver. **À ne pas manquer** La cathédrale Notre-Dame et son musée, le palais Rohan et la Petite France à Strasbourg ; le mont Sainte-Odile ; le château du Haut-Kœnigsbourg ; le camp du Struthof **Et si vous avez le temps...** Assistez à une séance du Parlement européen, déjeunez dans une authentique *winstub*, baladez-vous sur un sentier viticole ou dans une réserve du Ried

Strasbourg et le sud du Bas-Rhin

Cette sélection ne comprend pas les adresses d'hébergement. Celles-ci figurent dans la version intégrale du **GEOGuide Alsace**, disponible en librairie.

GEOMEMO

Ville principale	Strasbourg (264 115 hab., agglo. 451 240 hab.)
Informations touristiques	Office de tourisme de Strasbourg Tél. 03 88 52 28 28 www.ot-strasbourg.fr
Marchés de Noël	Strasbourg, Sélestat, Obernai, Barr, Andlau, le Hohwald
Réserves naturelles	Grand Ried, îles du Rhin, Erstein, Rhinau, Taubergiessen
Principales randonnées	Sentiers viticoles, dont celui du Schenkenberg, Illwald, mont Sainte-Odile, Suisse d'Alsace, sentier des Passeurs
Domaines skiables	Champ-du-Feu, Donon, Schneeberg
Spécialités culinaires	Foie gras et charcuterie de Strasbourg, pain d'épices de Guertwiller

Haguenau
Strasbourg
Colmar
Mulhouse
MOSELLE
Dabo
ROCHER DE DABO
Obersteigen
D143
Romanswiller
Wasselonne
Wangenbourg-Engenthal
D224
Cosswiller
Wangenbourg
D75
Westhoffen
Traenheim
Balbronn
Bergbieten
Flexbourg
LE SCHNEEBERG 960 M
D218
Château du Nideck
CASCADE DU NIDECK
Château de Hohenstein
FORÊT DOMANIALE DE HASLACH
Still
Oberhaslach
Dinsheim
Heiligenberg
Niederhaslach
N420
Gresswiller
D44
D993
Urmatt
D392
VALLÉE DE LA BRUCHE
Lutzelhouse
Mollkirch
DONON 1 008 M
Wisches
Muhlbach-sur-Bruche
Rosenwi
COL DU DONON 727 M
D392
Russ
D204
Grendelbruch
Château Guirbaden
Ancienne mine
Grandfontaine
FORÊT DE SCHIRMECK
Boers
Framont
Shirmeck
La Broque
Barembach
Klingenthal
Cimetière allemand
Château de Salm
Salm
Camp du Struthof
D214
D426
Ottrott
Saint-Nabor
Rothau
LA CHATTE PENDUE 900 M
Neuviller-la-Roche
Natzwiller
NEUNTELSTEIN 970 M
MONT SAINTE-ODILE
FORÊT DOMANIALE DU DONON
N420
Wildersbach
Solbach
D214
Heiligens
Fouday
Château du Haut-Andlau
D854
Bar
Plaine
Waldersbach
CHAMP DU FEU
Le Hohwald
D426
Château du Spesbourg
Blancherupt
Belmont
Mittelbergheim
D424
Saint-Blaise-la-Roche
COL DU KREUZWEG
D425
Andlau
Saulxures
Colroy-la-Roche
D425
Eichhoff
Bernardvillé
Ranrupt
Breitenbach
Reichsfeld
D253
Itterswi
N420
COL DE STEIGE
D424
Steige
Albé
Nothalten
Bourg-Bruche
Saint-Martin
Saales
Maisonsgoutte
Villé
Hohwarth
D203
Blienschwill
D214
COL DE SAALES 556 M
LE CLIMONT 966 M
Bassemberg
Saint-Pierre-Bois
Dambach-la-Ville
D32
Urbeis
Lalaye
Breitenau
Thanvillé
Fouchy
Dieffentha
N420
Dieffenbach-au-Val
D23
Neubois
Château d'Ortenberg
D35
Provenchères-sur-Fave
Château du Frankenbourg
D424
Château de Ramstein
Scherwille
Rombach-le-Franc
La Vancelle
N159
N59
Châtenois
Lièpvre
Château de Kintzheim
Sainte-Croix-aux-Mines
N59
VOSGES
Haut-Kœnigsbourg
D48.1
Kintzheim
N59
N59
Orschwiller
Sainte-Marie-aux-Mines
Thannenkirch
Rodern
A35
D48
HAUT-RHIN
Rorschwihr
D23
Bergheim
PARC NATUREL RÉGIONAL DES BALLONS DES VOSGES
D416
Aubure
Ribeauvillé
COLMAR, MULHOUSE
Guéma
Hunawihr
D416
N83
D48
Zellenberg

Nordheim
Quatzenheim
SOUFFEL
D30
D64
Dingsheim
D63
Stutzheim-Offenheim
Niederhausbergen
HAGUENAU SAVERNE
Hoenheim
Bischheim
Schiltigheim
Hurtigheim
D41
Mittelhausbergen
Furdenheim
Kirchheim
Ittenheim
N4
Oberhausbergen
D31
Handschuheim
Wolfisheim
Irmstett
Osthoffen
Achenheim
Strasbourg
Eckbolsheim
D45
D222
D63
Wolxheim
Kolbsheim
Holtzheim
Lingolsheim
B28
Drachstein
RHIN
D30
Ostwald
Neuhof
BRUCHE
Entzheim
D222
Molsheim
Duppigheim
Illkirch-Graffenstaden
Duttlenheim
Altorf
D392
A352
N422
Geispolsheim
Griegsheim-ptès-Molsheim
D147
Blaesheim
N83
Rosheim
Innenheim
Lipsheim
Fegersheim
Eschau
Bischoffsheim
D215
Ichtratzheim
Hindisheim
Plobsheim
Krautergersheim
D207
Hipsheim
PLAN D'EAU DE PLOBSHEIM
Neuried
Obernai
Limersheim
Nordhouse
D288
B36
Bernardswiller
Niedernai
D426
Meistratzheim
N83
RÉSERVE NATURELLE D'ERSTEIN
Goxwiller
D215
Schaeffersheim
D988
Krafft
Valff
Erstein
RHIN
Bolsenheim
Bourgheim
Uttenheim
Gertwiller
D206
Westhouse
Osthouse
D320
Zellwiller
Matzenheim
Gerstheim
A5
Saint-Pierre
D5
Kertzfeld
Sand
D468
Stotzheim
BAS-RHIN
Benfeld
ZEMBS
Obenheim
B3
Epfig
A35
N83
Huttenheim
Herbsheim
Daubensand
Lahr
B36
Sermersheim
D5
D20
SCHEER
Kogenheim
Rossfeld
Boofzheim
D212
D5
Rhinau
ILL
Witternheim
Friesenheim
RHIN
Ebersmunster
Ebersheim
Diebolsheim
Hilsenheim
Bindernheim
GIESSEN
ÎLE DE RHINAU
D211
D468
Wittisheim
D21
Muttersholtz
Ettenheim
Sélestat
D20
Sundhouse
Saasenheim
D424
Baldenheim
Schwobsheim
Schoenau
B3
Mussig
Boesenbiesen
Richtolsheim
A5
ILLWALD
ALLEMAGNE
Hessenheim
Artolsheim
RHIN
Heidolsheim
D468
Bootzheim
D424
D20
Ohnenheim
Mackenheim
N
D106
Marckolsheim
Mémorial
D10
Riegel
5 km

☆ Strasbourg

67000

Avec Genève et New York, Strasbourg appartient au petit groupe des villes qui, sans être des capitales d'État, accueillent des institutions internationales de premier plan. De surcroît, elle est, comme Bruxelles, une capitale administrative supranationale, celle de l'Union européenne. La septième ville de France a su tirer tous les avantages de cette situation particulière : pôle d'échanges et de réflexion entre civilisations germanique et latine, elle n'en demeure pas moins une métropole régionale à taille humaine, où il fait bon vivre. Le cadre n'y est pas étranger : en 1988, les richesses architecturales de son centre historique lui ont valu d'être classée au patrimoine mondial par l'Unesco. Ses maisons à colombages évoquent l'Alsace éternelle, ses palais rocaille et néoclassiques lui confèrent la majesté des grandes cités du XVIIIe siècle, tandis que l'Ill et ses ramifications lui prêtent le charme de certaines villes flamandes. Joyau de l'architecture gothique, sa cathédrale semble surgie de la terre et sa flèche est un repère que l'on aperçoit jusqu'aux contreforts des Vosges. Mais loin d'être une simple "ville musée", Strasbourg aime à profiter de la vie et de ce que la région fait de meilleur. La carte de ses chaleureuses *winstub* résume ainsi le syncrétisme gastronomique rhénan : la qualité française et la profusion allemande ! Ses institutions internationales et ses universités se veulent des bâtisseuses de la modernité. La création du tramway a prouvé l'intérêt de la municipalité pour les technologies vertes, la fondation du musée d'Art moderne et contemporain confirmé la reconnaissance des avant-gardes... Pour accueillir dignement les députés européens comme les étudiants, Strasbourg s'est dotée d'autant de tables et d'hôtels luxueux que d'établissements pour petits budgets, tandis que ses cafés et ses bars sont le reflet d'une vie nocturne effervescente !

☆ ☺ Découvrir le quartier de la cathédrale

☆ **À ne pas manquer** La cathédrale Notre-Dame, la maison Kammerzell, le palais Rohan et ses musées, le musée de l'Œuvre Notre-Dame **Et si vous avez le temps...** Avant d'entrer dans la cathédrale, admirez-la de la rue Mercière ; rendez-vous à 12h30 devant son horloge astronomique ; en soirée, allez flâner dans le quartier Saint-Étienne ou relâchez la pression au Brasseur

Au cœur de la Vieille Ville

☆ ☺ **Cathédrale Notre-Dame (plan 2, C3)** Un "chef-d'œuvre admirable qui cache sa tête dans les nuages". Voilà comment le futur Pie II, Enea Silvio Piccolomini, secrétaire du roi de Germanie Frédéric IV, qualifia en 1442 le monument emblématique de Strasbourg. L'édifice a été dépassé depuis par les cathédrales d'Ulm et de Cologne, Saint-Nicolas de Hambourg et Notre-Dame de Rouen, mais sa flèche de 142m domina le monde chrétien jusqu'au XIXe siècle. Merveille gothique mariant les influences germanique et française, Notre-Dame se distingue des grands ouvrages du Bassin parisien par l'emploi du grès rose, matériau qui revêt, au couchant, une couleur unique. *Pl. de la Cathédrale Montée sur la plate-forme (332 marches) Ouvert avr.-sept. : tlj. 9h-19h30 (ven.-sam et juin 22h) ; oct.-mars : tlj. 10h-17h30 Tarif 4,40€, 5-18 ans et étudiants 2,20€ Voir horaires de l'horloge astronomique ci-dessous*

Histoire de la cathédrale Elle s'élève sur le site d'un temple d'Hercule, peut-être remplacé par une église dès le IVe siècle, puis par une cathédrale carolingienne. En 1015 sont posées les premières pierre d'une basilique romane, dont seule subsiste une partie de la crypte : plusieurs fois incendiée au XIIe siècle, Notre-Dame doit être reconstruite. Le chantier, lancé en 1190, durera près de trois siècles. Les maîtres d'œuvre s'y succéderont, accompagnant l'évolution de l'architecture sacrée du roman au gothique flamboyant dans des projets parfois contradictoires. Les travaux prennent officiellement fin en 1439, quand la flèche est achevée. Mais la fragilité du grès dans lequel l'ensemble est bâti impose de fréquentes campagnes de consolidation et de réfection. De plus, les aléas de l'Histoire entraînent la démolition du jubé et de la chapelle de la Vierge après la reconquête catholique (1681), l'endommagement de la toiture lors de l'incendie de 1759, une restauration générale de 1804 à 1848 à la suite de la tourmente révolutionnaire (plus de 200 statues détruites), de multiples dégâts après le siège allemand de 1870, la détérioration de la tour de croisée par un obus largué sur l'édifice en 1944... Bref, le chantier ne fermera jamais ! Nombre de sculptures de la cathédrale, remplacées par des copies au XIXe siècle, sont conservées au musée de l'Œuvre Notre-Dame (visite vivement conseillée).

Façade occidentale Elle est réalisée à partir de 1276, d'abord sous l'influence du gothique rayonnant français : un portail monumental (1300), surmonté d'une imposante rose (1318) et flanqué de porches latéraux coiffés de deux tours quadrangulaires (1365), évoquant Notre-Dame de Paris. Mais voilà que Michel de Fribourg décide de combler le vide entre ces deux tours, en 1384. En 1402, un nouveau maître d'œuvre, Ulrich von Ensingen, dessine une audacieuse flèche, comparable à celle des grandes églises de l'Empire germanique. Il entreprend de dresser un octogone, cantonné de quatre tourelles d'escalier, sur la plate-forme de la tour nord. À sa mort (1419), le Colonais Jean Hultz achève l'octogone et le couronne d'une pyramide à huit pans, haute de 36m, ponctuée d'un lanternon et d'une croix, portant la hauteur totale de l'édifice à 142m (1439). De la plate-forme, au pied de la flèche (66m), s'offre un magnifique panorama sur les toits de la ville et la plaine rhénane.

Portails Ils furent vandalisés à la Révolution, aussi leurs sculptures sont-elles, pour la plupart, des reproductions du XIXe siècle. Celles des voussures du portail central représentent les évangélistes, les Pères de l'Église et différentes scènes de l'Ancien et du Nouveau Testament. Le tympan retrace la Passion du Christ. Autour du portail sud (droite), les Vierges sages et le Christ s'opposent aux Vierges folles et au Tentateur. Le tympan illustre le Jugement dernier. Celui du portail nord figure la Jeunesse du Christ. Dans les ébrasements, les Vertus terrassent les Vices.

Les portails latéraux Sur la façade romane du croisillon nord (fin XIIe-début XIIIe s.) est appliqué de 1494 à 1505 un portail flamboyant dédié à saint Laurent. Ce dernier apparaît sur le tympan, ombragé par un baldaquin richement sculpté. Le double portail roman du croisillon sud, ou portail de l'Horloge, remonte au XIIIe siècle. Au Couronnement de Notre-Dame, figuré sur le tympan droit, répond la Dormition de la Vierge (original de 1220) sur le tympan gauche. Trois plans de personnages, au centre desquels trône le Christ, l'âme de la Vierge personnifiée dans sa main, y sont sculptés dans une profondeur de champs d'à peine 30cm ! Deux allégories encadrent le portail. À gauche, l'Église (la "Nouvelle Loi") porte le calice et la croix. D'un regard victorieux, elle observe la Synagogue (l'"Ancienne Loi"), à droite, les yeux bandés, une lance brisée contre elle, et dans sa main les tables de la Loi prêtes à lui échapper. La délicatesse de ses traits et son expression résignée en font un chef-d'œuvre de la statuaire médiévale (originaux au musée de l'Œuvre Notre-Dame).

Nef Édifiée de 1238 à 1275, la nef à 7 travées mesure 32m de haut et 36m de large. Deux rangées d'arcades gothiques surmontées d'un triforium ajouré et de fenêtres hautes séparent le vaisseau central des bas-côtés. La majeure partie des vitraux de chaque verrière de la nef sont d'origine (XIIIe et XIVe s.), tout comme la tribune de l'orgue Silbermann (1385). Sur l'instrument veillent un héraut en pourpoint sonnant de la trompette et un marchand de bretzels articulé, appelé Rohraffe ("Mannequin hurleur"). Jadis, lors de certains offices, une personne dissimulée dans le pied d'orgue l'animait pour divertir l'auditoire. La chaire fut réalisée en 1485 par Hans Hammer pour le prédicateur Jean Geyler de Kaysersberg, précurseur de la Réforme. Ce "bijou flamboyant" (Taine), entièrement sculpté et ajouré, est orné de cinquante statuettes des XVe, XVIIIe et XIXe siècles, dont un Christ en croix. La 51e, cachée, représente le chien couché de l'orateur ! En décembre sont suspendues entre les piliers de la nef quatorze tapisseries tissées entre 1638 et 1657 sur des cartons de Philippe de Champaigne, Charles Poerson et Jacques Stella. Elles décrivent des scènes de la vie de la Vierge.

Bas-côtés Les vitraux (XIIIe-XVe s.) du bas-côté gauche représentent le cycle des dix-neuf empereurs du Saint Empire (de Charles Martel à Frédéric II). Ceux du bas-côté droit illustrent des scènes du Nouveau Testament, de la naissance de la Vierge au Jugement dernier. Précédant le croisillon nord, la chapelle Saint-Laurent (1521), la plus vaste de la cathédrale, abrite sous sa belle voûte à liernes et tiercerons un autel baroque de 1705. Contre le croisillon sud, la chapelle Sainte-Catherine (1349) renferme l'épitaphe du *stettmeister* (édile) de Strasbourg, Conrad Bock, et de son épouse.

Transept et chœur Achevés vers 1240, ils marquent la transition du roman au gothique. Sous la croisée s'ouvre la crypte à trois nefs, du XIe siècle. Au pilier nord de la croisée, superbe autel Saint-Pancrace (1522) en bois polychrome et doré. Au pilier sud, l'autel Saint-Maurice (XVe-début XVIe s.). Eduard von Steinle peignit en 1876-1879 le décor d'inspiration byzantine du chœur. Le vitrail central est de Max Ingrand (1956).

Croisillon nord et chapelle Saint-Jean-Baptiste Le bras nord du transept (XIIe s.) recèle l'un des joyaux de la cathédrale : les fonts baptismaux. De style gothique flamboyant, méticuleusement sculptés, ils furent exécutés en 1453 par Jodoque Dotzinger. En face, un groupe sculpté daté de 1498 représente Jésus au mont des Oliviers. La chapelle Saint-Jean-Baptiste (1220) renferme le magnifique tombeau de Conrad II de Lichtenberg (1299), évêque de Strasbourg.

☆ **Croisillon sud et chapelle Saint-André** À partir de 1220, les maîtres d'œuvre des grandes cathédrales du Bassin parisien apportent leur savoir-faire et permettent aux maçons et sculpteurs de Notre-Dame de substituer la richesse ornementale et le raffinement du gothique à la sobriété romane. Le pilier central du croisillon sud, dit **pilier des Anges**, en est la parfaite illustration. Achevé en 1235, ce chef-d'œuvre de la sculpture médiévale évoque en trois registres le thème du Jugement dernier. À l'est s'ouvre la chapelle Saint-André (vers 1190), dont l'entrée est surmontée d'une superbe galerie à arcades, la Cantoria (galerie des chantres, début du XIIIe-XVe s.).

☆ **L'horloge astronomique** L'objet de toutes les attentions – il faut dire qu'elle mesure 18m de haut ! Conçue par les mathématiciens Conrad Dasypodius et David Wolkenstein et construite de 1571 à 1574 par Isaac et Josias Habrecht, elle s'enraie en 1780. En 1842, un génie de la mécanique, le Strasbourgeois Jean-Baptiste Schwilgué, la remet en marche... après l'avoir étudiée pendant une trentaine d'années. Le buffet inférieur, peint par Tobias Stimmer, montre un calendrier perpétuel. Au-dessus défilent les chars des sept divinités figurant les jours de la semaine. Une horloge cantonnée de chérubins animés sépare ce buffet du corps central : un grand planétaire sous un globe indiquant les phases lunaires. Dans la partie supérieure s'ouvrent deux niches superposées. En bas, quatre personnages symbolisant les étapes de la vie se succèdent tous les quarts d'heure devant la Mort. Au-dessus, à 12h30, quand retentit le triple chant du coq, rappelant le reniement de saint Pierre, les apôtres défilent devant le Christ qui les bénit. Sur la tour du poids (à gauche) apparaissent Uranie, Muse de l'Astronomie et de la géométrie, Copernic et Jean-Baptiste Schwilgué. ***Défilé des Apôtres*** *(automates) tlj. 12h30 (rés. 9h-12h15, entrée portail sud à partir de 12h) Tarif 1€ (tickets en vente au stand de cartes postales de 9h à 11h30 et à la caisse du portail sud de 11h50 à 12h20)*

☆ **Maison Kammerzell (plan 2, C3)** Sa façade sombre, à la décoration discrète et pourtant d'une grande complexité, attire le regard. Construite en 1589 sur un rez-de-chaussée gothique (1467) par un riche marchand de fromage, Martin Braun, elle doit son nom à l'épicier qui s'en porta acquéreur au milieu du XIXe siècle. Depuis 1879, elle appartient à l'Œuvre Notre-Dame et abrite un restaurant. Les trois étages en encorbellement sont percés de nombreuses fenêtres (pas moins de 75) et parés du colombage le plus ornementé de Strasbourg : ses sculptures illustrent des thèmes religieux (les Preux, les Vertus théologales...) et profanes (les cinq sens, le travail, les âges de l'Homme...).

Rue Mercière (plan 2, C3) Ses charmantes façades à colombages du XVIIe siècle (riches décors aux nos2 et 4) peuvent passer inaperçues, tant la perspective que cette rue offre sur la cathédrale est unique. Réaménagée en 1815, l'artère bénéficia deux ans plus tard des premiers trottoirs de la ville.

☆ ☺ **Musée de l'Œuvre Notre-Dame (plan 2, C3)** D'abord chargée de réunir les fonds nécessaires à l'érection de la cathédrale, l'Œuvre Notre-Dame veille depuis à son entretien. Cette institution est établie dans deux bâtiments, l'un gothique et l'autre Renaissance, auxquels se sont adjoints une petite maison du XVIIe siècle et l'ancienne hostellerie du Cerf (XIVe s.). Son musée, fondé en 1931, retrace l'histoire de l'art alsacien et haut rhénan du XIe au XVIIe siècle. Sa visite complétera utilement celle de la cathédrale, dont il abrite de nombreuses sculptures originales. *3, pl. du Château Tél. 03 88 52 50 00 Ouvert mar.-dim. 10h-18h sauf j. fér. Tarif 4€, réduit 2€, gratuit pour les moins de 18 ans et le 1er dim. du mois*

Rez-de-chaussée Dans la première salle (n°3), consacrée à l'âge roman, sont exposés le fameux *Christ de Wissembourg*, plus ancien vitrail figuratif de France (vers 1060), et la reconstitution d'une galerie du cloître de l'abbaye d'Eschau (chapiteaux sculptés du XIIe s.). On peut admirer les façades des deux ailes de la maison de l'Œuvre dans la cour. Gothique pour celle de droite, avec son pignon à redans (1347), et Renaissance pour celle de gauche, avec son pignon à volutes (1582). La cour mène à la salle de la Loge (n°5) : boiseries, sculptures du portail Saint-Laurent de la cathédrale (1494-1505), *Vierge à l'Enfant* (1502-1503)... c'est là que la corporation des tailleurs de pierre se réunit jusqu'au XVIIIe siècle. Également consacrée à la statuaire de la cathédrale, la salle du Jubé (n°7) expose des sculptures de l'ancien jubé

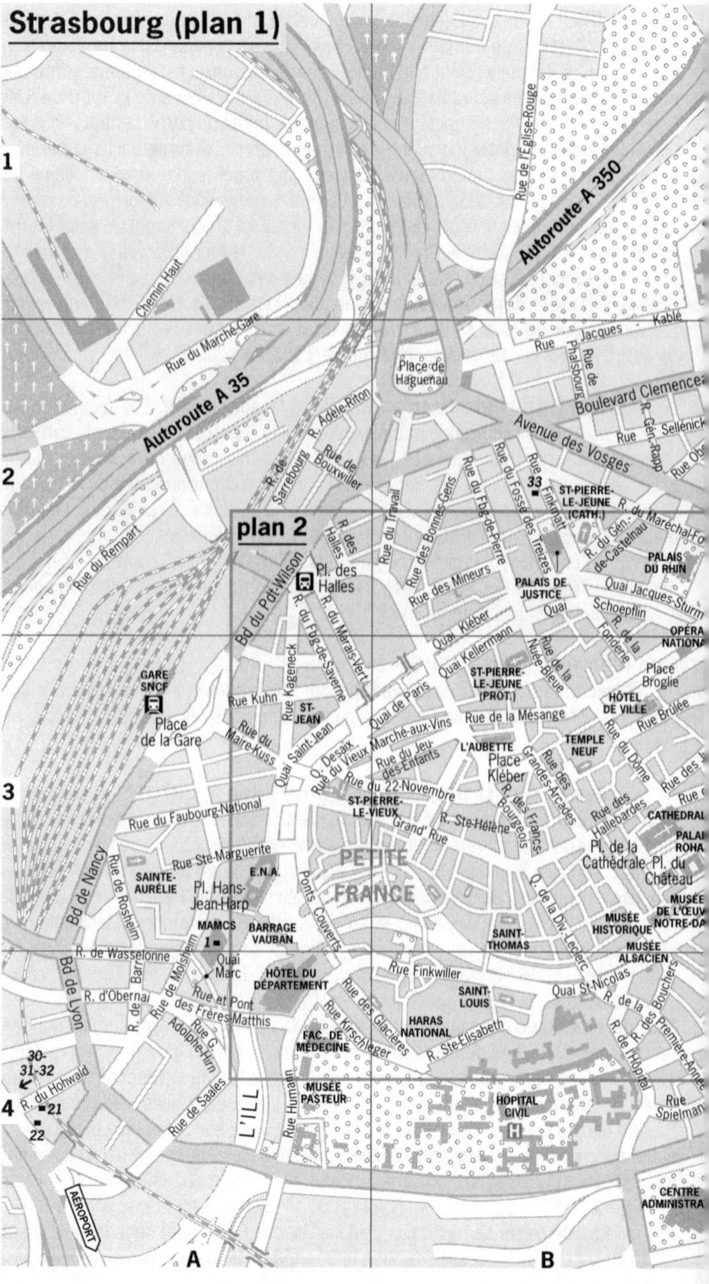
Strasbourg (plan 1)
1
2
3
4
A
B
plan 2
Chemin Haut
Rue du Marché-Gare
Autoroute A 35
Autoroute A 350
Rue de l'Église-Rouge
Rue Jacques Kablé
Rue de Phalsbourg
Place de Haguenau
Boulevard Clemenceau
Avenue des Vosges
R. Gén.-Rapp
Rue Sellenick
R. Adèle-Riton
R. de Sarrebourg
Rue de Bouxwiller
R. des Halles
Rue du Travail
Rue des Bonnes-Gens
Rue du Fbg-de-Pierre
Rue du Fossé-des-Treizes
Rue Finkmatt
33
ST-PIERRE-LE-JEUNE (CATH.)
R. du Maréchal-Foch
R. du Gén.-de-Castelnau
PALAIS DU RHIN
Rue du Rempart
Bd du Pdt-Wilson
Pl. des Halles
R. du Fbg-de-Saverne
R. du Marais-Vert
Rue des Mineurs
PALAIS DE JUSTICE
Quai Jacques-Sturm
Quai Schoepflin
R. de la Fonderie
OPÉRA NATIONAL
Quai Kléber
Quai Kellermann
Rue de la Nuée-Bleue
ST-PIERRE-LE-JEUNE (PROT.)
Place Broglie
HÔTEL DE VILLE
Rue Brûlée
GARE SNCF
Place de la Gare
Rue Kuhn
Rue Kageneck
ST-JEAN
Rue du Maire-Kuss
Quai Saint-Jean
Q. Desaix
Rue du Vieux Marché-aux-Vins
Quai de Paris
Rue du Jeu-des-Enfants
Rue de la Mésange
L'AUBETTE
Place Kléber
Rue des Grandes-Arcades
TEMPLE NEUF
Rue du Dôme
Rue du 22-Novembre
ST-PIERRE-LE-VIEUX
Grand' Rue
R. Ste-Hélène
R. des Bourgeois
Rue des Francs-Bourgeois
Rue des Hallebardes
CATHÉDRALE
PALAIS ROHAN
Pl. de la Cathédrale
Pl. du Château
Rue du Faubourg-National
Rue Ste-Marguerite
Bd de Nancy
Rue de Rosheim
SAINTE-AURÉLIE
E.N.A.
Pl. Hans-Jean-Harp
Ponts Couverts
PETITE FRANCE
Q. de la Dw.-Leclerc
MUSÉE DE L'ŒUVRE NOTRE-DAME
MUSÉE HISTORIQUE
MUSÉE ALSACIEN
MAMCS
BARRAGE VAUBAN
SAINT-THOMAS
R. de Wasselonne
Bd de Lyon
R. d'Obernai
R. de Barr
Rue de Molsheim
Quai Marc
Rue et Pont des Frères-Matthis
Rue G.-Adolphe-Hirn
HÔTEL DU DÉPARTEMENT
Rue Finkwiller
SAINT-LOUIS
Quai St-Nicolas
R. de la Rue des Bouchers
Rue des Glacières
Rue Kirschleger
HARAS NATIONAL
R. Ste-Elisabeth
FAC. DE MÉDECINE
R. de l'Hôpital
R. des Premiere-Année
30-31-32
R. du Hohwald
21
22
Rue de Saales
L'ILL
Rue Humann
MUSÉE PASTEUR
HOPITAL CIVIL
Rue Spielmann
CENTRE ADMINISTRATIF
AEROPORT

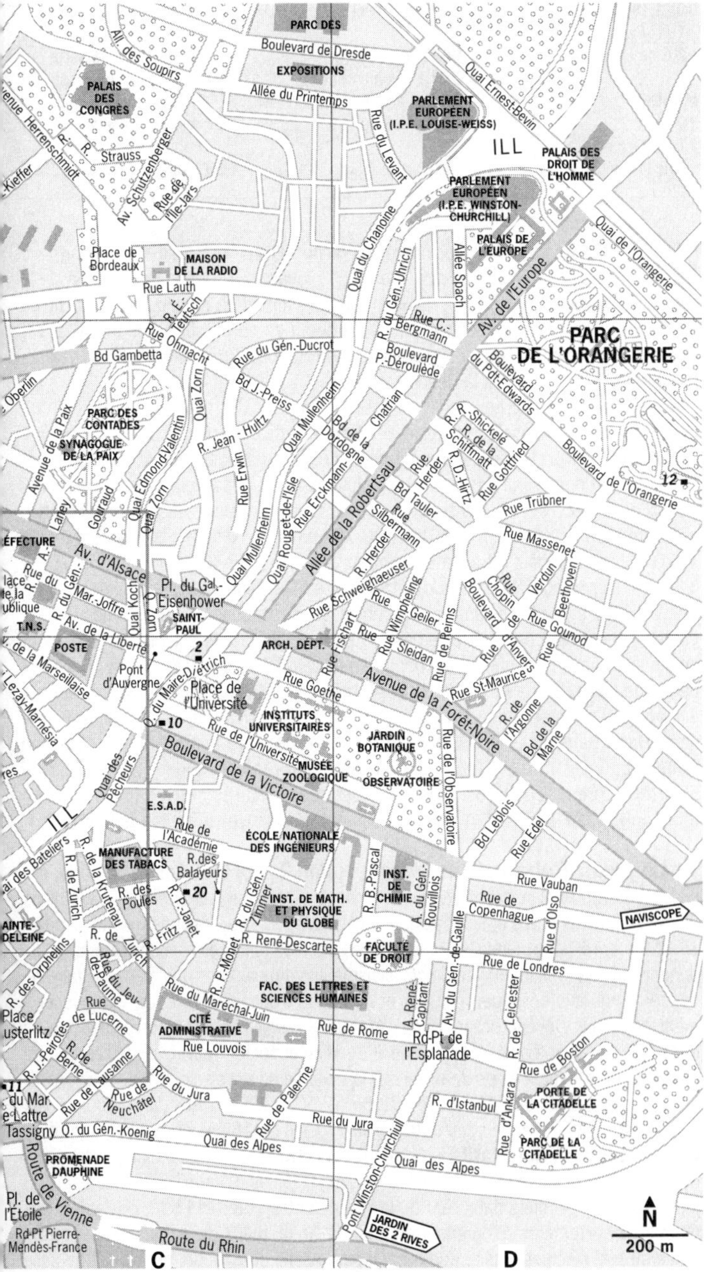
PARC DES
EXPOSITIONS
Boulevard de Dresde
All. des Soupirs
Allée du Printemps
PALAIS DES CONGRÈS
Avenue Herrenschmidt
R. Kieffer
R. Strauss
Av. Schutzenberger
Rue de l'Ile-Jars
Rue du Levant
PARLEMENT EUROPÉEN (I.P.E. LOUISE-WEISS)
Quai Ernest-Bevin
ILL
PALAIS DES DROIT DE L'HOMME
PARLEMENT EUROPÉEN (I.P.E. WINSTON-CHURCHILL)
PALAIS DE L'EUROPE
Quai de l'Orangerie
Place de Bordeaux
MAISON DE LA RADIO
Rue Lauth
R. E. Teutsch
Quai du Chanoine
R. du Gén.-Uhrich
Allée Spach
Av. de l'Europe
Rue C.-Bergmann
PARC DE L'ORANGERIE
Bd Gambetta
Rue Ohmacht
Rue du Gén.-Ducrot
Boulevard P.-Déroulède
Boulevard du Pdt-Edwards
R. Oberlin
Quai Zorn
Bd J.-Preiss
Chatrian
PARC DES CONTADES
SYNAGOGUE DE LA PAIX
Avenue de la Paix
R. Jean-Hultz
Quai Mullenheim
Bd de la Dordogne
R. R.-Shickelé
R. de la Schiffmatt
R. D.-Hirtz
Rue Gottfried
Boulevard de l'Orangerie
12
Quai Edmond-Valentin
Rue Erwin
Rue Erckmann-
Rue Herder
Bd Tauler
Rue Trübner
Laney
Gouraud
Quai Zorn
Quai Mullenheim
Quai Rouget-de-l'Isle
Allée de la Robertsau
Rue Silbermann
Rue Massenet
PRÉFECTURE
Av. d'Alsace
R. Herder
Rue du Gén.-Mar.-Joffre
Place de la République
Quai Koch
Q. Zorn
Pl. du Gal-Eisenhower
SAINT-PAUL
Rue Schweighaeuser
Rue Geiler
Rue Wimpheling
Rue Chopin
Boulevard de d'Anvers
Verdun
Beethoven
Rue Gounod
T.N.S.
Av. de la Liberté
POSTE
2
ARCH. DÉPT.
Rue Fischart
Rue Sleidan
Rue de Reims
Rue St-Maurice
Rue
R. de la Marseillaise
Pont d'Auvergne
Q. du Maire-Dietrich
Place de l'Université
Rue Goethe
Avenue de la Forêt-Noire
R. de l'Argonne
Bd de la Marne
R. Lezay-Marnésia
INSTITUTS UNIVERSITAIRES
10
Rue de l'Université
JARDIN BOTANIQUE
Rue de l'Observatoire
Boulevard de la Victoire
MUSÉE ZOOLOGIQUE
OBSERVATOIRE
Quai des Pêcheurs
ILL
E.S.A.D.
Bd Leblois
Rue Edel
Rue de l'Académie
ÉCOLE NATIONALE DES INGÉNIEURS
Quai des Bateliers
R. de Zurich
R. de la Krutenau
MANUFACTURE DES TABACS
R. des Balayeurs
R. des Poules
R. P.-Janet
20
R. du Gén.-Zimmer
R. B.-Pascal
INST. DE CHIMIE
A. du Gén.-Rouvillois
Rue Vauban
Rue de Copenhague
Rue d'Olso
NAVISCOPE
INST. DE MATH. ET PHYSIQUE DU GLOBE
SAINTE-MADELEINE
R. de Zurich
R. Fritz
R. P.-Monet
R. René-Descartes
FACULTÉ DE DROIT
Av. du Gén.-de-Gaulle
Rue de Londres
R. des Orphelins
Rue du Jeu-de-Paume
Rue de Lucerne
Rue du Maréchal-Juin
FAC. DES LETTRES ET SCIENCES HUMAINES
A. René-Capitant
R. de Leicester
Place d'Austerlitz
CITÉ ADMINISTRATIVE
Rue de Rome
R. J.-Peirotes
R. de Berne
Rue Louvois
Rd-Pt de l'Esplanade
Rue de Boston
Rue de Lausanne
11
Rue de Neuchâtel
Rue du Jura
Rue de Palerme
R. d'Istanbul
PORTE DE LA CITADELLE
Q. du Mar. de Lattre de Tassigny
Q. du Gén.-Koenig
Rue du Jura
Rue d'Ankara
Quai des Alpes
PARC DE LA CITADELLE
PROMENADE DAUPHINE
Route de Vienne
Quai des Alpes
Pont Winston-Churchill
Pl. de l'Étoile
JARDIN DES 2 RIVES
Rd-Pt Pierre-Mendès-France
Route du Rhin
N
200 m
C
D

BOIRE UN VERRE
1 Art Café — A3
2 Café Brant — C3

MANGER
10 Gallia — C3
11 Restaurant de la Bourse — C4
12 Buerehiesel — D2

SORTIR
20 La Salamandre — C3
21 La Laiterie — A4
22 Le Molodoï — A4

DORMIR
30 Camping de la Montagne Verte — A4
31 Auberge de jeunesse René-Cassin — A4
32 Auberge de jeunesse Parc du Rhin — A4
33 CIARUS — B2

(1252) et deux trésors gothiques provenant du portail sud : *L'Église* et *La Synagogue* (1230). On accède ensuite à la cour du Cerf : le jardin d'Éden, célèbre écrin de la Genèse, y a été reconstitué tel qu'on se le représentait au Moyen Âge, à partir de peintures et de gravures alsaciennes d'époque. Les salles suivantes (nos 10 à 13) abritent des sculptures du XIVe siècle (gisant de Hugues Zorn, vers 1320) et des céramiques du Moyen Âge à la Renaissance.

Palier intermédiaire Les salles du palier présentent des reliquaires, calices, crucifix et pièces de vaisselle en or, argent, vermeil et ivoire (XIVe-XVIe s.).

2e étage Il est presque entièrement consacré au XVe siècle, l'âge d'or alsacien et rhénan. C'est donc l'une des parties les plus riches de la collection. Aux chatoyants vitraux du XVe siècle (salle 20) succèdent deux harmonieuses huiles sur bois de style gothique "adouci" (salle 21 ; *Le Doute de Joseph* et *La Nativité* ; anonymes, 1410-1420). Superbes mais effrayants *Amants trépassés* (salle 23 ; anonyme, 1476) et un chef-d'œuvre du Bâlois Conrad Witz : *Sainte Madeleine et sainte Catherine* (salle 25 ; v. 1445). Les volumes amples des robes colorées répondent à la profondeur d'une galerie sobre, élancée, légère. La même salle accueille des sculptures en grès et bois polychrome, dont une *Tête d'homme à turban* (1463-1464) de Nicolas Gerhaert de Leyde. Un bel escalier en vis de 1580 mène au 1er étage de l'aile Renaissance.

1er étage La Renaissance (salles 29-30) est surtout illustrée par le peintre humaniste Hans Baldung Grien (1484-1545), élève de Dürer : *Portrait du chanoine Ambrosius Volmar Keller* (1538). Le XVIIe siècle est représenté dans les salles 33 à 39 : miniatures, sculptures, verrerie, costumes, natures mortes (de Sébastien Stoskopff, 1597-1657) et mobilier ornementé. Précieuses armoires à deux corps.

☆ **Le palais Rohan et ses musées (plan 2, C3)** C'est Robert de Cotte, disciple de Hardouin-Mansart et premier architecte du roi, qui fournit en 1731 les plans de ce somptueux palais épiscopal, dont Joseph Massol dirige la construction jusqu'en 1742. Le cardinal Armand Gaston de Rohan-Soubise, son commanditaire, entend lui donner toute la monumentalité du classicisme en vogue à Paris afin de mieux faire résonner le modèle politique, religieux et artistique français dans cette ville nouvellement conquise. Devenu propriété et siège de la municipalité à la Révolution, palais impérial sous Napoléon Ier et Napoléon III, l'édifice accueillit l'université de Strasbourg en 1870, puis le musée des Beaux-Arts à la toute fin du XIXe siècle. Il abrite aujourd'hui trois musées. *2, pl. du Château Tél. 03 88 52 50 00 Ouvert mer.-lun. 10h-18h sauf j. fér. Entrée pour chaque musée 4€, gratuit moins de 18 ans et 1er dim. du mois*

Musée des Arts décoratifs Il permet de découvrir les somptueux appartements des cardinaux, d'une part, et les collections municipales de mobilier alsacien et d'objets décoratifs produits dans l'est de la France entre 1681 et 1850, de l'autre. Les Grands Appartements témoignent du train de vie fastueux de la haute société française du XVIIIe siècle. La visite commence par la salle du Synode, qui servait de salle à manger : vasques en marbre (v. 1740), vases en porcelaine de Chine (XVIIe s.)... Suit le salon des Évêques, salle de jeu et antichambre des appartements royaux, orné de bustes d'empereurs romains (XVIIe s.) et d'un mobilier Louis XV. La chambre du Roi, où dormit Louis XV, illustre parfaitement le style rocaille avec ses boiseries peintes et son plafond stuqué. S'y remarquent trois tapisseries de la tenture de Constantin, d'après Rubens (v. 1625). De là, on passe au cabinet du Roi, puis à la bibliothèque : éléments de la tenture de Constantin, corps de bibliothèque en acajou massif et bronze doré (1738-1741), bustes des XVIIe-XVIIIe siècles. La collection de céramiques du musée doit sa renommée internationale aux productions des manufactures Hannong. En 1721, le céramiste hollandais Charles François Hannong (1669-1739) s'associe au faïencier allemand Johann Heinrich Wachenfeld pour ouvrir une manufacture à Strasbourg. De la prospérité de l'entreprise, en situation de monopole régional, naît en 1724 une succursale à Haguenau. À la mort du fondateur, son fils Paul Adam prend sa suite, affine la qualité des faïences et porte leur production à un niveau presque industriel. Plats, écuelles, statuettes et vases présentent les décors les plus divers : bergeries, scènes de chasse, rencontres galantes... Mais l'entreprise périclite en 1754. Joseph Hannong, un petit-fils, remonte avec succès l'usine strasbourgeoise dans les années 1760. Cependant, son endettement, imputable au partage de l'héritage et à son train de vie, conduit l'entreprise à sa perte en 1781. Dans une autre salle sont exposées des pièces de l'horloge astronomique de la cathédrale, dont un coq articulé de 1352. Orfèvrerie (qui fit la réputation de l'Alsace au XVIIIe s.), mobilier et étains (écuelles à bouillon d'accouchée) des XVIIe et XVIIIe siècles occupent l'aile des Écuries. La salle 22, l'une des plus surprenantes, expose des jouets mécaniques de la fin du XIXe siècle à nos jours : ils ont été légués à la ville par le dessinateur et caricaturiste Tomi Ungerer. La suite des Grands Appartements comprend la garde-robe, où est exposée une partie du service de Sèvres à décor d'oiseaux exotiques du cardinal de Rohan, la chambre de Napoléon Ier et celle du Prince-Évêque, avec son canapé et ses fauteuils provenant du château des Rohan à Saverne. *Rdc et 1er étage*

Musée des Beaux-Arts Il dresse un intéressant panorama de la peinture européenne du Moyen Âge au XIXe siècle. La salle 1, dévolue à l'art sacré du XIVe au XVIe siècle, est l'une des plus belles ; elle recèle notamment une *Crucifixion* (1319-1320) attribuée à Giotto. Un polyptyque de Hans Memling trône au centre. La peinture italienne des XVe et XVIe siècles (salles 2-3) est bien représentée. Remarquablement éclairées, les deux œuvres du Vénitien Cima de Conegliano, *Saint Sébastien* et *Saint Roch*, annoncent l'humanisme de la Renaissance. Également une superbe *Adoration des bergers* de Carlo Crivelli, trois *Vierge à l'Enfant* des Florentins Botticelli, Piero di Cosimo et Lorenzo di Credi et une admirable *Céphale et Procris* de Véronèse. Aux Italiens se mêlent des maîtres espagnols et hollandais : *Mater dolorosa* du Greco ; *Les Fiancés*, de Lucas de Leyde. Continuez tout droit (salles 4-6) avant de revenir sur vos pas vers le grand salon (salle 7) et les salles 8-16. Le XVIIe siècle (salles 4-6) demeure la période la plus richement illustrée : *Le Christ triomphant de la mort et du péché* de Rubens ; *La Pêche miraculeuse de* Jordaens et *Portrait présumé de Luigia Cattaneo Gentile* de Van Dyck pour les maîtres flamands ; *Portrait du cardinal de Richelieu* de Philippe de Champaigne et *Loth et ses filles* de Simon Vouet pour l'école française. Le Grand Salon est consacré à la nature morte : *Bouquet de fleurs* de Jan II Bruegel (1601-1678) et *Les Cinq Sens* de Jacques Linard (1600-1645). Suivent des portraits (salles 8-16) : *Portrait de jeune femme*, de Raphaël (1483-1520) et *La Belle Strasbourgeoise*, œuvre la plus célèbre du musée, de

Strasbourg centre (plan 2)

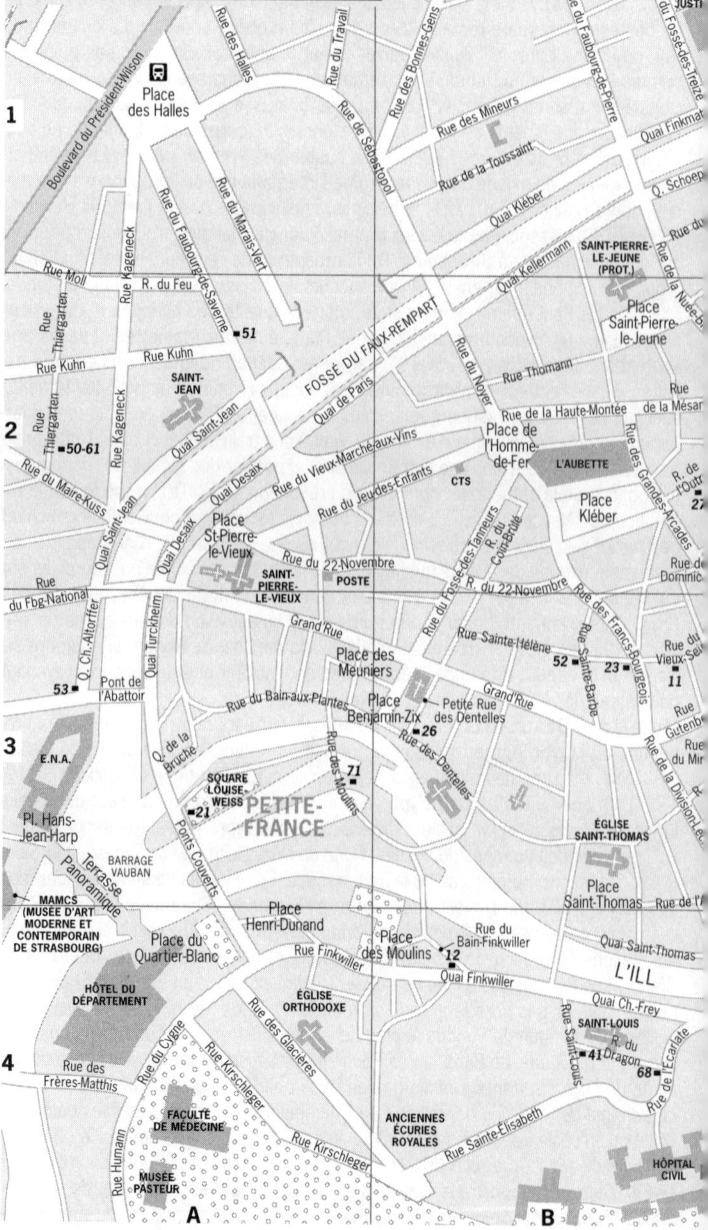

LE SUD DU BAS-RHIN

GEOREGION

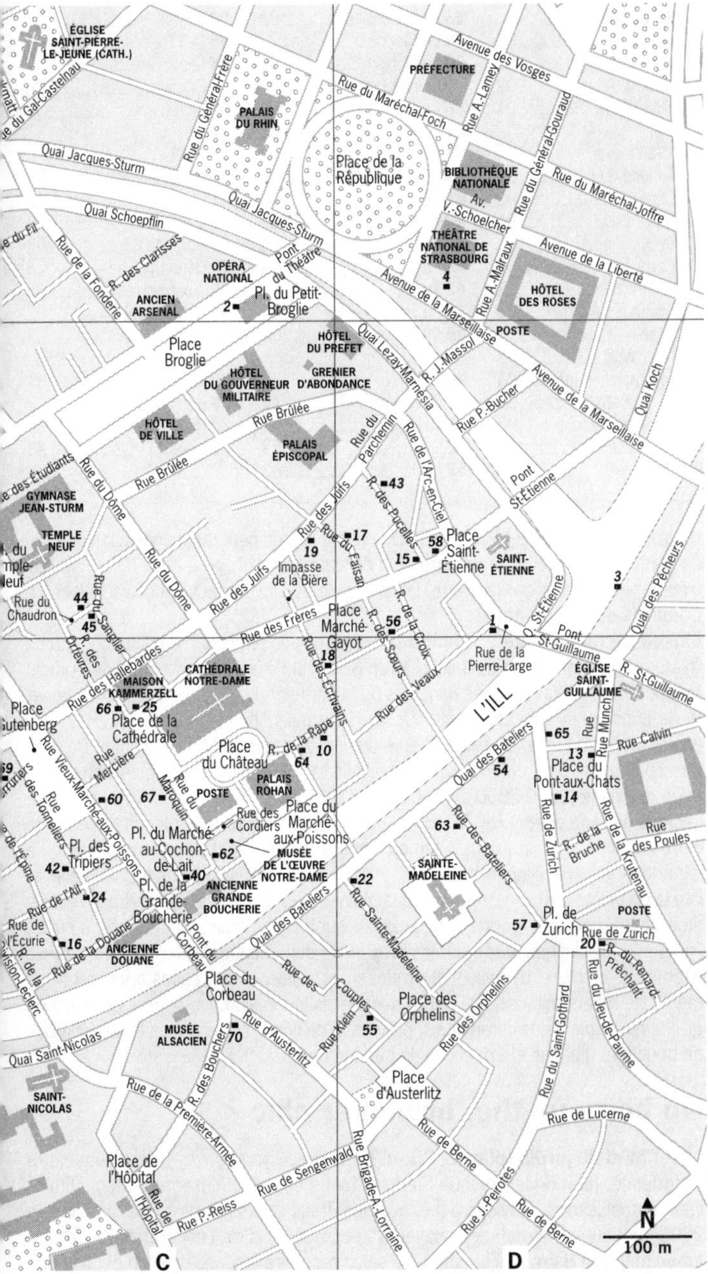
ÉGLISE SAINT-PIERRE-LE-JEUNE (CATH.)
Rue du Gal-Castelnau
PALAIS DU RHIN
Rue du Général-Frère
PRÉFECTURE
Avenue des Vosges
Rue du Maréchal-Foch
Rue A.-Lamey
Place de la République
BIBLIOTHÈQUE NATIONALE
Rue du Général-Gouraud
Rue du Maréchal-Joffre
Av. V.-Schoelcher
Quai Jacques-Sturm
Quai Schoepflin
THÉÂTRE NATIONAL DE STRASBOURG
4
Avenue de la Liberté
HÔTEL DES ROSES
Rue A.-Malraux
Rue du Fil
Rue de la Fonderie
R. des Clarisses
OPÉRA NATIONAL
Pont du Théâtre
Pl. du Petit-Broglie
2
ANCIEN ARSENAL
Avenue de la Marseillaise
POSTE
Place Broglie
HÔTEL DU PREFET
Quai Lezay-Marnésia
R. J.-Massol
HÔTEL DU GOUVERNEUR MILITAIRE
GRENIER D'ABONDANCE
Rue P.-Bucher
Quai Koch
HÔTEL DE VILLE
Rue Brûlée
PALAIS ÉPISCOPAL
Rue du Parchemin
Rue de l'Arc-en-Ciel
Rue des Étudiants
Rue du Dôme
GYMNASE JEAN-STURM
TEMPLE NEUF
R. des Pucelles
43
Pont St-Étienne
Rue des Juifs
19
R. du Faisan
17
15
58
Place Saint-Étienne
SAINT-ÉTIENNE
Impasse de la Bière
3
Quai des Pêcheurs
Rue du Chaudron
44
45
Rue du Sanglier
R. des Orfèvres
Rue des Frères
Place Marché-Gayot
R. des Sœurs
56
R. de la Croix
1
Q. St-Étienne
Pont St-Guillaume
Rue de la Pierre-Large
18
Rue des Écrivains
Rue des Veaux
ÉGLISE SAINT-GUILLAUME
R. St-Guillaume
Rue des Hallebardes
CATHÉDRALE NOTRE-DAME
MAISON KAMMERZELL
66
25
L'ILL
Place Gutenberg
Place de la Cathédrale
R. de la Râpe
10
Quai des Bateliers
65
Rue Munch
Rue Calvin
13
Place du Pont-aux-Chats
14
54
Rue Vieux-Marché-aux-Poissons
Rue Mercière
Place du Château
64
PALAIS ROHAN
Rue du Maroquin
Rue des Tonneliers
60
67
POSTE
Rue des Cordiers
Place du Marché-aux-Poissons
63
Rue des Bateliers
Rue de Zurich
R. de la Bruche
Rue de la Krutenau
Rue des Poules
Pl. du Marché-au-Cochon-de-Lait
62
MUSÉE DE L'ŒUVRE NOTRE-DAME
Pl. des Tripiers
42
40
Pl. de la Grande-Boucherie
ANCIENNE GRANDE BOUCHERIE
22
Rue Sainte-Madeleine
SAINTE-MADELEINE
Rue de l'Épine
Rue de l'Ail
24
Rue de l'Écurie
16
Rue de la Douane
ANCIENNE DOUANE
Pont du Corbeau
57
Pl. de Zurich
POSTE
Rue de Zurich
20
R. du Renard-Prêchant
R. de la Division-Leclerc
Place du Corbeau
Rue des Couples
Place des Orphelins
Rue des Orphelins
Rue du Saint-Gothard
Rue du Jeu-de-Paume
MUSÉE ALSACIEN
R. des Bouchers
70
Rue d'Austerlitz
Rue Klein
55
Quai Saint-Nicolas
SAINT-NICOLAS
Place d'Austerlitz
Rue de la Première-Armée
Rue de Lucerne
Rue de Berne
Place de l'Hôpital
Rue de l'Hôpital
Rue de Sengenwald
Rue Brigade-A.-Lorraine
Rue J.-Peirotes
Rue P.-Reiss
N
100 m
C
D

BOIRE UN VERRE
1 Au brasseur ____ D2
2 Café de l'Opéra ____ C1
3 Péniche Atlantico ____ D2
4 L'Impro TNS ____ D1

MANGER
10 Au fond du jardin ____ C3
11 L'Épicerie ____ B3
12 Tapas Café ____ B4
13 Tarbouche ____ D3
14 Pasta & Raviolis ____ D3
15 La Plouzinette ____ D2
16 Pommes de terre & Cie ____ C3
17 Tiger Wok ____ D2
18 Le Cornichon masqué C3
19 La Casserole ____ C2
20 Au renard prêchant ____ D3
21 L'Ami Schutz ____ A3
22 Fleurdesel ____ B3
23 L'Alsace à table ____ C3
24 La Cloche à fromages C3
25 La Maison Kammerzell ____ D3
26 La Cambuse ____ B3
27 Au Crocodile ____ B2

MANGER DANS UNE WINSTUB
40 Zum Strissel ____ C3
41 La Choucrouterie ____ B4
42 Au pigeon ____ C3
43 Au coin des pucelles _ D2
44 Au clou ____ C2
45 Chez Yvonne ____ C2

SORTIR
50 La Perestroïka ____ A2
51 Troc Café ____ A2
52 Trolleybus ____ B3
53 L'Abattoir Café ____ A3
54 La Passerelle ____ D3
55 Pub Nelson ____ D4
56 Les Aviateurs ____ D2
57 Elastic Bar ____ D3
58 Zanzib'Art ____ D2

DORMIR
60 Hôtel Michelet ____ C3
61 Le Grillon ____ A2
62 Citotel des Arts ____ C3
63 Hôtel de l'Ill ____ D3
64 Hôtel Suisse ____ C3
65 Aux trois roses ____ D3
66 Hôtel Cathédrale ____ C3
67 Hôtel Cardinal de Rohan ____ C3
68 Hôtel du Dragon ____ B4
69 Hôtel Gutenberg ____ C3
70 Hôtel Beaucour ____ C4
71 Régent Petite France _ A3

Nicolas de Largillierre (1656-1746). Du XVIIIe siècle, on peut mentionner des œuvres de Watteau, Boucher et Fragonard et la délicate *Vue de l'église de la Salute de l'entrée du Grand Canal* de Canaletto. Le XIXe siècle est, ici, surtout français : Delacroix, Corot et Courbet. *1er étage*

Musée archéologique Si la présentation est un peu terne, la collection, qui retrace l'histoire régionale du paléolithique à l'an 800, est l'une des plus riches de France. Des poteries, outils façonnés dans l'os ou la corne et des fossiles laissent imaginer la vie quotidienne des chasseurs-cueilleurs du paléolithique (à partir de 600 000 ans avant notre ère) et des agriculteurs du néolithique (5500-2300 avant notre ère). Des fibules, épées, couteaux, de la vaisselle et de l'outillage agricole illustrent les âges du cuivre (2500-2000 av. J.-C.) et du bronze (2000-750 av. J.-C.). Le monde celtique de l'âge du fer (750-50 av. J.-C.) a légué des bijoux, des pièces de monnaie et du mobilier funéraire, dont le fameux char d'Ohnenheim. La section consacrée à la période gallo-romaine (Ier s. av. J.-C.-Ve s. de notre ère) est la plus fournie ; elle relate la conquête romaine (statuettes à la gloire de l'Empire, stèles funéraires), reconstitue un intérieur bourgeois, évoque la vie quotidienne (vaisselle, lampes à huile), l'artisanat (céramique, verrerie), les croyances domestiques et la religion impériale (statues de Mercure, d'Apollon) et révèle, enfin, l'influence des cultes orientaux (fragments de reliefs mithriaques) sur la société gallo-romaine. De la période mérovingienne témoignent des céramiques, parures et de nombreuses armes (épées, umbos de boucliers, flèches et un splendide casque du VIe siècle). *Sous-sols*

Où boire un thé, bruncher chic ?

☺ **Au fond du jardin (plan 2, C3, n°10).** Un incroyable voyage dans l'Angleterre victorienne, un monde presque féerique tant il est minutieusement reconstitué : lustres, tapisseries, services à thé, bougies, fruits et pétales de roses. Imaginé en 2000 par Laurent, "créateur de saveurs", et Frédéric, ancien décorateur du célèbre grand magasin Harrods à Londres, ce salon redécoré à chaque saison est une ode au savoir-vivre. Qu'elle plaise ou non, l'exubérance du cadre vaut le déplacement. Fidèle au concept, la carte propose les assiettes "Cottage", "Orient Express" ou "Pouchkine". À *tea-time* se répandent les arômes des sélections Mariage Frères. Déjeuner et, le vendredi et samedi, dîner aux chandelles, sur rés. uniquement. Assiette Cottage 16 € ; thé 6€. *6, rue de la Râpe Tél. 03 88 24 50 06 Ouvert mer.-sam. 12h-14h30 et 15h30-18h (ven.-sam. jusqu'à 0h), dim. 12h-14h30 et 16h-18h*

☺ À l'est de la cathédrale, le quartier Saint-Étienne

Sur l'agréable petite **place Saint-Étienne (plan 2, D2)**, qui a donné son nom à l'un des quartiers les plus festifs de Strasbourg, s'élèvent de jolies maisons à colombages des XVIe et XVIIe siècles. Alentour, bars, restaurants, boutiques de déco et de vêtements tendance retiennent une foule bobo et branchée.

Où savourer une bière maison à la pression ?

☺ **Au brasseur (plan 2, D2, n°1)**. Micro-brasserie fondée en 1991 à l'emplacement d'un établissement similaire (1746-1863), que l'industrialisation brassicole avait obligé à fermer. Bières maison à la pression (blonde "houblonnée à souhait", ambrée "au malt grillé", brune "au malt chocolat" et blanche "au froment de blé"), mais aussi tartes flambées, jarrets braisés, onglets à l'échalote et restauration légère à toute heure. Bien conçue autour du zinc central, l'une des *bierstub* les plus populaires de Strasbourg. Concerts gratuits ven. et sam. à 21h30. Menus 8,90€-17,50€. *22, rue des Veaux Tél. 03 88 36 12 13 Tlj. 11h-1h (service jusqu'à 0h30)*

☆☺ Découvrir la Petite France et ses environs

☆ **À ne pas manquer** Les Ponts-Couverts et la traversée des canaux, le barrage Vauban, le MAMCS, l'église Saint-Thomas **Et si vous avez le temps...** Profitez, l'été, de la terrasse de l'Art Café et de son beau point de vue sur le Vieux Strasbourg ; au couchant, flânez à l'écart des foules sur le quai Saint-Thomas

La Petite France

L'une des plus fortes concentrations touristiques de la ville. L'ancien quartier grouillant et fétide des tanneurs compose un tableau romantique du Strasbourg d'antan : canaux, ponts et vieilles maisons aux toits caractéristiques sous lesquels on faisait sécher les cuirs. C'est la création d'un hospice destiné à recevoir, au XVIe siècle, les soldats atteints de maladies vénériennes, ou "mal français", qui lui a valu son nom.

☆ ☺ **Ponts-Couverts (plan 2, A3-A4)** Jetés en enfilade sur les bras de l'Ill, ils formèrent la limite sud des défenses de la ville dès le XIIIe siècle. Ces trois ponts couverts en bois étaient défendus par quatre tours, qui servirent de prison jusqu'en 1823. Ils perdirent leur imposant toit de tuile en 1784 et furent reconstruits en grès de 1863 à 1865. L'une des tours a été rasée en 1869, après un incendie.

☆ ☺ **Barrage Vauban (plan 2, A3)** La "Grande Écluse" fut édifiée en 1681 sur des plans de Vauban pour renforcer les défenses précaires que constituaient les Ponts-Couverts. Enjambant l'Ill sur toute sa largeur, là où ses eaux s'apprêtent à se séparer en deux bras, cet ouvrage en grès s'appuie sur treize arches munies de vannes. Leur fermeture empêchait toute flottille ennemie d'entrer dans Strasbourg et inondait les abords sud de la ville, les rendant infranchissables. Le barrage fut surélevé d'un étage en 1865 et coiffé, en 1967, d'une terrasse panoramique : superbes vues sur l'Ill et ses ramifications à l'est, sur le MAMCS à l'ouest. *Terrasse ouverte tlj. 9h-19h30 Traversée par la galerie couverte tlj. 7h30-19h30*

Autour de la Petite France

☆ ☺ **Musée d'Art moderne et contemporain de Strasbourg-MAMCS (plan 2, A3-A4)** Conçu par Adrien Fainsilber et inauguré en 1998, le bâtiment se dresse au bord de l'Ill comme une forteresse moderne de granit et de verre. À l'intérieur, une vaste nef épurée et lumineuse dessert chacun des départements du musée, répondant à la volonté de lisibilité et d'ouverture exprimée par les instigateurs du projet. Salles d'expositions temporaires, bibliothèque, auditorium, librairie : le musée se veut aussi un espace de réflexion et d'échanges. *1, pl. Jean-Arp Tél. 03 88 23 31 31 Ouvert mar., mer., ven., sam. 11h-19h, jeu. 12h-22h et dim. 10h-18h Fermé lun. et j. fér. Entrée 5€ (gratuit pour les moins de 18 ans et 1er dim. du mois) Bibliothèque : mar.-sam. 14h-18h (21h le jeu.), fermée en juil.-août*

Art moderne (1870-1950) L'impressionnisme est illustré par des œuvres de Monet (*Champ d'avoine aux coquelicots*, 1890), Manet, Sisley, Pissarro et Renoir. Sont aussi présentés Gauguin et les nabis (Bonnard, Vuillard, Denis), les fauves (Dufy, Vlaminck) et le mouvement Die Brücke, le Bauhaus (Kandinsky), le cubisme (Braque, Picasso – *Femme à la guitare*, 1924), l'orphisme (Kupka) et le surréalisme (Miró, Magritte, Brauner et Ernst). Une importante section est consacrée au peintre, poète et sculpteur strasbourgeois Jean Arp (1887-1966), cofondateur du groupe contestataire dada. De la création alsacienne rendent aussi compte plusieurs œuvres du marqueteur Charles Spindler et des peintres Eugène Carrière et Gustave Doré (immense *Christ quittant le prétoire* de 6m sur 9 (1867-1872). L'aile droite du rez-de-chaussée est réservée aux expositions temporaires. *Rez-de-chaussée*

Art contemporain (à partir de 1950) Jannis Kounellis et Mario Merz y expriment l'anti-institutionnalisme de l'arte povera ; Robert Filliou dévoile la dette dadaïste du mouvement Fluxus ; François Morellet (*Tirets*, 1970) et Daniel Buren (*Deux demis font un quart*, 1988) marquent la recherche expérimentale des années 1970 et 1980. Notez les installations de Sarkis (*Ma chambre de la rue Krutenau en satellite*, 1989) et de Mathieu Mercier, lauréat du prix Marcel-Duchamp en 2003 (*Pavillon*). La collection photographique du musée et les 15 000 dessins, estampes et affiches du cabinet d'arts graphiques font régulièrement l'objet d'expositions temporaires. *1er étage*

☆ **Église Saint-Thomas (plan 2, B3)** C'est sur le site d'une abbaye fondée au VIIe siècle par saint Florent et richement dotée au IXe siècle par Adeloch (évêque dont le sarcophage roman meuble le croisillon sud) que cette église trapue fut bâtie au XIIe siècle. Affectée au culte protestant en 1549, elle en est devenue le principal temple strasbourgeois. Sa façade (v. 1230) trahit la transition entre roman (arcatures lombardes) et gothique (rose à médaillons). Connue pour abriter de nombreux monuments funéraires, Saint-Thomas doit sa célébrité au mausolée baroque du maréchal Maurice de Saxe qu'elle conserve en son chœur. Ce chef-d'œuvre de Jean-Baptiste Pigalle (1777) représente le vainqueur de Fontenoy debout devant une pyramide (symbole de l'éternité), entouré de ses ennemis vaincus : le lion hollandais, le léopard anglais et l'aigle autrichienne. Une allégorie de la France éplorée le retient par la main et repousse la Mort, qui l'invite à descendre dans la tombe. Sur la gauche se tient Hercule, effondré de douleur. Sous l'autel se cache un atlante gothique, adolescent sculpté en 1230 dans le grès rose. Mozart (en 1778) et le docteur Albert Schweitzer (en 1909) ont joué sur l'orgue conçu en 1740 par Jean-André Silbermann. *Pl. Saint-Thomas/11, rue Martin-Luther Tél. 03 88 32 14 46 www.saint-thomas-strasbourg.org Ouvert tlj. 10h-12h et 14h-17h (mai-oct. 18h) Fermé jan.*

☆ Découvrir le quartier Français

☆ **À ne pas manquer** La place Kléber, l'église protestante Saint-Pierre-le-Jeune, la place Broglie **Et si vous avez le temps...** Craquez pour une forêt-noire chez Winter ou pour un strudel aux pommes chez Christian, puis arrêtez-vous, le temps d'un verre, devant le grand écran de l'Odyssée ; en décembre, emmenez les petits au pied du gigantesque sapin de Noël dressé sur la place Kléber !

L'annexion française suscite d'importants travaux de réaménagement, particulièrement dans le nord-est de l'île, à la fin du XVIIe siècle. Autour des deux plus grandes places de la ville, Kléber et Broglie, se constitue ainsi un “quartier Français”.

La place Kléber et ses environs

Centre névralgique de Strasbourg, la place fit l'objet d'incessants chantiers au cours de son histoire. Il s'agit de nos jours d'insuffler un dynamisme nouveau à cette vaste esplanade qui, devenue piétonne, prête son cadre à de nombreuses manifestations, politiques ou culturelles. C'est là que l'on dresse, en fin d'année, le plus grand sapin de Noël d'Alsace !

☆ **Place Kléber (plan 2, B2)** La plus célèbre place de Strasbourg a été le théâtre de bien des fêtes et des révolutions. Elle accueillit un couvent de cordeliers au XIIIe siècle, une guillotine sous la Terreur et des parades militaires aux XIXe et XXe siècles. Les travaux d'aménagement du tramway l'ont débarrassée en 1994 d'une circulation automobile effrénée. Au milieu se dresse une statue de Jean-Baptiste Kléber (1753-1800). Après s'être distingué dans l'armée révolutionnaire sur le Rhin, en Vendée, en Belgique et en Allemagne, ce Strasbourgeois participa à la campagne d'Égypte au côté de Bonaparte et remporta, en mars 1800, la bataille d'Héliopolis. Trois mois plus tard, il fut poignardé au Caire. Une crypte, sous le monument, abrite ses cendres. La place est dominée par la façade néoclassique de l'Aubette (1778), due à Jean-François Blondel, à qui Choiseul avait demandé de concevoir un nouveau plan d'urbanisme. Cette caserne (où les ordres se donnaient à l'aube, d'où son nom) fut la seule réalisation effective du projet de place d'armes soumis au ministre de Louis XV et jugé par lui trop coûteux, comme le reste du plan Blondel. Un incendie ravagea l'Aubette alors qu'elle abritait le musée des Beaux-Arts, en 1870, et bien des œuvres partirent en fumée. Le bâtiment fut alors reconstruit pratiquement à l'identique et, en 1875, le Conservatoire s'y établit. Les profils en médaillon de compositeurs célèbres qui ornent la façade sont de cette époque. De 1926 à 1928, le sculpteur strasbourgeois Jean Arp, son épouse Sophie Taeuber-Arp et leur ami Theo Van Doesburg y aménagèrent et décorèrent un lieu alternatif (salle des fêtes, ciné-dancing, café), faisant de l'Aubette la "chapelle Sixtine de l'art moderne". Les décors, qui avaient disparu sous une épaisse couche de peinture en 1938, sont actuellement remis au jour dans le cadre d'un vaste projet de réhabilitation visant à faire de la place Kléber "un nouveau lieu de vie conciliant commerce, culture et tourisme". L'"îlot de l'Aubette", dont l'inauguration est prévue pour l'été 2007, s'appuie sur le réaménagement total du bâtiment, où s'installeront boutiques, brasseries, restaurants, et qui sera relié par une galerie à l'immeuble des Petites-Boucheries, à l'arrière.

Petites-Boucheries (plan 2, B2) Partie intégrante du projet de l'Aubette, l'édifice (1900) de syle néogothique et néo-Renaissance rappelle que, jusqu'au XIXe siècle, la rue de la Haute-Montée abritait les "petits" bouchers, concurrents de la corporation.

Où acheter du foie gras ?

Feyel-Artzner (plan 2, B2). La plus ancienne maison de foie gras de France (foie gras d'oie, de canard, mi-cuit, truffé, etc.) et traiteur haut de gamme. *7, rue de la Mésange Tél. 03 88 32 05 00 Ouv. lun. 15h-19h, mar.-ven. 9h-19h, sam. 8h30-18h30*

Où faire une pause sucrée ?

☺ **Winter (plan 2, B2).** Alléchantes pâtisseries à déguster sur place ou à emporter. À l'arrière, la salle alsacienne aux tons ocre, beiges et bruns, fait office de salon de thé. Un classique. Thé 2,85€, forêt-noire 4,19€. *25, rue du 22-Novembre Tél. 03 88 32 85 40 Ouvert lun.-sam. 8h-19h*

Christian (plan 2, B2). Des pâtisseries, dont un délicieux strudel aux pommes, des chocolats et de petits plats aux saveurs originales le midi (7,50-12€). Le décor ravira les amateurs d'intérieurs Renaissance rhénane. Express 1,60€. *12, rue de l'Outre Tél 03 88 32 04 41 Ouvert lun.-sam. 7h30-18h (autre adresse : 10, rue Mercière)*

Le quartier Broglie

La place Broglie est plus calme que sa voisine, la place Kléber, sauf en fin d'année, quand elle accueille le marché de Noël. Elle se distingue par ses hôtels particuliers, dont le style, classique, rococo ou baroque, se faisait l'écho des modes parisiennes.

☆ ☺ **Place Broglie (plan 2, C2)** Agora romaine, marché aux chevaux, terrain de tournois et de courses équestres au Moyen Âge, la place fut métamorphosée au début du XVIIIe siècle en une belle et paisible promenade plantée, qui eut tôt fait d'attirer les flâneurs. Le palais bâti en 1730-1736 pour le comte Régnier III de Hanau-Lichtenberg, devenu en 1806 l'**hôtel de ville**, s'inscrit avec élégance et rigueur dans le répertoire classique. Plus haut, on distingue la façade arrière du dernier des grands hôtels strasbourgeois du XVIIIe siècle : l'hôtel du Gouverneur (1745-1755), dessiné par Joseph Massol. En face, sur la promenade, s'élève le monument du maréchal Leclerc, érigé en 1951 à la gloire de celui qui, six ans plus tôt, avait libéré Strasbourg. Légèrement en retrait, peu avant le quai Lezay-Marnésia, l'ancien Grenier d'Abondance de la ville libre (1441), réserve de blé en cas de disette, abrite une annexe de l'**Opéra national**. Ce dernier, conçu par Villot et Robin (1805-1821), impose sa belle façade néoclassique ornée de six colonnes et six Muses au nord-est de la place. La rotonde fut ajoutée par les Allemands dans les années 1870. Côté nord, entre le quai Schoepflin et la rue de la Fonderie, étaient jadis rassemblés l'Arsenal du XVe siècle, l'école d'Artillerie et la Fonderie royale (1703). La tour de dépôt d'artillerie qui fait l'angle du quai et de la rue des Clarisses est l'un des plus anciens monuments de Strasbourg : elle remonte au début du XIIIe siècle. La **Banque de France**, au n°4, a remplacé la maison du premier maire de Strasbourg, Philippe Frédéric de Dietrich. C'est là que l'officier du Génie Rouget de Lisle composa, en avril 1792, le lendemain de la déclaration de guerre, un chant de circonstance pour l'armée du Rhin. Par le truchement des volontaires marseillais, ce chant allait devenir l'hymne national.

☆ ☺ **Église protestante Saint-Pierre-le-Jeune (plan 2, B1-B2)** Sur le site d'un sanctuaire romain, puis d'une chapelle mérovingienne dédiée à sainte Colombe, une collégiale est consacrée en 1053. De cette réalisation romane, l'église actuelle (XIIIe-XIVe s.) a gardé la base du clocher-porche et quelques éléments du cloître, le plus ancien cloître roman au nord de la Loire. Affectée au culte réformé en 1524, Saint-Pierre-le-Jeune revient en 1681 aux catholiques… qui l'abandonnent aux protestants en 1893, quand on leur construit une église du même nom rue Finkmatt. Arcs-boutants, clochetons, pinacles, portails, statuaire, les façades arborent tous les riches atours du gothique rhénan. D'autres trésors vous attendent à l'intérieur. Sur le mur occidental de la nef, une fresque de 8m de côté, composée vers 1320, représente la Navicella, ou barque de saint Pierre, inspirée de l'œuvre éponyme de Giotto (1267-1337). Un splendide jubé (XIIIe s.), orné de peintures du XVIIe siècle, sépare la nef du chœur. L'orgue Silbermann, sur la tribune, date de 1780. *Pl. Saint-Pierre-le-Jeune Tél. 03 88 32 41 61 Ouvert 1er avr.-31 oct. : lun. 13h-18h, mar.-sam. 10h30-18h, dim. 14h30-18h ; nov.-mars : durant les offices*

☺ Découvrir le Finkwiller et la Krutenau

☆ **À ne pas manquer** Le quai Saint-Nicolas, le Musée alsacien **Et si vous avez le temps…** Prenez votre café du matin sur la péniche *Atlantico* ; piquez une tête dans une piscine Art nouveau ; assistez à un spectacle d'impro en alsacien à la Choucrouterie avant de faire la tournée des bars de la Krut'

À l'ouest, le Finkwiller

☆ ☺ **Quai Saint-Nicolas (plan 2, C4)** Sur l'ancien quai des Seigneurs s'alignent des maisons Renaissance (nos 15, 16 et 20) et de belles demeures patriciennes du XVIIIe siècle. Les façades à oriels des nos 23 et 24, respectivement des XVIIe et XVIe siècles, protègent une partie de la collection du Musée alsacien.

☆ **Musée alsacien (plan 2, C4)** Créé en 1902 par de fervents défenseurs de l'identité régionale, il brosse un vivant tableau de l'Alsace populaire des XVIIe, XVIIIe et surtout XIXe siècles. Pour visiter ses trente salles, qui occupent trois vieilles demeures

(XVIe et XVIIe s.), il faut traverser des galeries, passages et cours et grimper et descendre plusieurs escaliers. La vie domestique, les fêtes, les pratiques religieuses, les arts décoratifs ou encore les métiers y sont illustrés par des milliers d'objets, anodins ou précieux : chaises d'accouchée, coffrets de courtoisie, poêles, meubles de bois polychrome, ex-voto, maisons de poupée, chapelets et crucifix, enseignes de corporation, costumes ruraux, céramiques, verreries... Et d'excellentes reconstitutions d'intérieurs. *23-25, quai Saint-Nicolas Tél. 03 88 52 50 01 Ouvert jan.-mars et juil.-août : tlj. 10h-18h ; avr.-juin et sept.-déc. : mer.-sam. et lun. 12h-18h, dim. et j. fér. 10h-18h Entrée 4€, gratuite pendant toute l'année 2007*

Visiter une cave, acheter du vin d'Alsace

☺ **Cave historique des Hospices de Strasbourg (plan 2, C4).** La plus célèbre cave alsacienne... et le plus vieux vin du monde conservé en fût (un foudre de 1472) ! Dans les années 1990, afin de promouvoir les crus alsaciens, un collectif reprend les chais pour y élever une partie des récoltes d'une quarantaine de viticulteurs : AOC d'Alsace et grands crus – gewurz, muscat d'Alsace, riesling et tokay pinot gris, triés sur le volet par un œnologue expert. Bouteilles de 7,50 à 20€. *1, pl. de l'Hôpital Tél. 03 88 11 64 50 Ouvert lun.-ven. 8h30-12h et 13h-17h30, sam. 9h-12h30*

À l'est, la Krutenau

☺ **Quai des Bateliers (plan 2, C4-C3-D3)** Bordant le quartier de la Krutenau, il arbore d'intéressantes façades des XVIe, XVIIe et XVIIIe siècles. Au n°1 s'élève l'ancien Hôtel du Corbeau (1528), relais de poste où descendirent Frédéric le Grand de Prusse, Joseph II d'Autriche, Rousseau et bien d'autres. De belles maisons à colombages et galeries de dégagement donnent sur sa cour.

Plonger dans l'Art nouveau...

Bains municipaux (plan 1, C3) Des Arts déco, prenez à gauche la rue Fritz-Kiener, puis, encore à gauche, le boulevard de la Victoire. Vous apercevez le bâtiment des Bains municipaux. Ils datent de 1908 et reviennent à l'architecte Fritz Beblo. L'Art nouveau se combine à l'intérieur aux lignes et motifs inspirés des thermes romains : un cadre grandiose pour un plongeon ! *10, bd de la Victoire Tél. 03 88 25 17 58 Lun. 8h30-19h, mar. 16h30-21h (8h-21h juil.-août), mer. 9h-20h, jeu. 8h-21h, ven. 8h-20h, sam. 8h-18h, dim. 8h-13h Tarif Grande piscine 3,10€*

... et dans l'art contemporain

La Chaufferie (plan 1, C3). L'école supérieure des Arts déco expose dans cette galerie les créations de ses étudiants et celles d'artistes confirmés. *5, rue de la Manufacture-des-Tabacs Tél. 03 88 35 38 58 Mer.-dim. 14h-19h*

Où boire un verre au bord de l'eau ?

Péniche Atlantico (plan 2, D2, n°3). Cette vénérable péniche ancrée entre la Vieille Ville, la Krut' et le quartier de l'université ne pouvait que faire recette ! Une pause bien agréable, parmi les étudiants et les riverains. Café 1,50€ ; demi 2€. *19, quai des Pêcheurs Tél. 03 88 35 77 81 Ouvert tlj. 7h30-22h (jeu.-sam. 0h en été)*

☆ Découvrir le quartier Impérial

☆ **À ne pas manquer** Les places de la République et de l'Université, le jardin botanique, l'allée de la Robertsau et ses villas Jugendstil **Et si vous avez le temps...** Embarquez vers les étoiles du planétarium, mêlez-vous aux étudiants dans l'atmosphère joyeuse et braillarde du restaurant universitaire Gallia

Autour de la place de la République

☆ **Place de la République (plan 2, C1-D1)** Vaste, aérée, elle est entourée de bâtiments monumentaux. À l'est se dressent la Bibliothèque nationale universitaire (1895) et l'ancien palais de la Diète d'Alsace-Lorraine (1892), désormais occupé par le **Théâtre national de Strasbourg** (plan 2, D1). La Trésorerie générale et la préfecture sont établis au nord, dans des bâtiments néobaroques dessinés par Ludwig Levy en 1910. Au centre, le monument aux Morts (1936), statue allégorique de Strasbourg qui, à la façon d'une pietà, tient sur ses genoux les frères ennemis réconciliés mais mourants. À l'ouest de la place trône majestueusement le **palais du Rhin** (1883-1889). Dessiné par le Berlinois Hermann Eggert, il devait servir de résidence strasbourgeoise à Guillaume Ier, lors de ses passage en Alsace, mais l'empereur mourut avant la fin du chantier. La façade centrale présente un avant-corps d'inspiration antique surmonté d'un dôme. L'architecte a aussi puisé dans les styles Renaissance et baroque, composant ainsi une belle illustration de l'éclectisme germanique.

☺ L'allée de la Robertsau

L'allée de la Robertsau (plan 1, C2-D2), qui relie la place de l'Université au quartier des Institutions européennes, n'est pas sans rappeler les percées haussmanniennes. Au nord, maisons et villas cossues succèdent à des immeubles Sécession et rivalisent de richesse architecturale. Remontez-la jusqu'à la **rue Schiller**, à gauche. Au n°10, à l'angle du quai Rouget-de-Lisle, la villa Knopf (1905), de Berninger et Krafft, est à considérer pour ses belles grilles de jardin évoquant Guimard. Revenez sur vos pas. Au n°52 de l'allée de la Robertsau, façade néorococo ; au n°64, la villa Sohlief, véritable manoir de brique néo-Renaissance (1894). Notez les céramiques de la partie supérieure du n°56, un édifice flanqué de deux oriels (Lütke et Backes, 1903). Plus loin, au n°76, la célèbre villa Schutzenberger des architectes Berninger et Krafft (1899). L'Art nouveau se déploie sous les corniches et fenêtres en un décor floral exubérant.

La perspective du palais universitaire

☺ **Palais universitaire (plan 1, C3)** L'architecte allemand Otto Warth s'inspira de la Renaissance génoise pour bâtir l'auguste palais universitaire qui s'élève à l'est de la place de l'Université depuis 1884. Le groupe sculpté qui domine son avant-corps est dédié à Athéna et aux Arts. Devant l'édifice, un bronze représente Goethe (1904), qui étudia à Strasbourg en 1770-1771. *Pl. de l'Université*

Instituts universitaires (plan 1, C3) Également dus à Otto Warth et inaugurés en 1884, d'influence Renaissance et classique, assez austères, ils s'alignent le long du vaste parc, à l'est du Palais. *Pl. de l'Université, rue de l'Université et rue Goethe*

☺ **Jardin botanique (plan 1, D3)** Il prolonge à l'est le corps des instituts et protège quelque 6 000 espèces sur ses 3,5 ha. Sa partie occidentale est aussi ordonnée et dégagée que son côté est est sauvage, ombragé et escarpé. À proximité de l'entrée, rue Goethe, trône une belle serre tropicale. Au fond du jardin se profile le dôme de l'Observatoire (1882), dessiné par Hermann Eggert, l'architecte du palais du Rhin. *28, rue Goethe Tél. 03 90 24 18 65 Ouvert en été lun.-ven. 8h-19h30, sam.-dim. 10h-19h30, au printemps et à l'automne lun.-ven. 8h-18h, sam.-dim. 10h-18h, en hiver lun.-sam. 8h-12h et 14h-16h, dim. 14h-16h*

Planétarium de l'Observatoire (plan 1, D3) Explorer l'espace à bord du cinéma cosmique, comprendre les mystères de l'astronomie dans la crypte aux Étoiles, découvrir la troisième lunette de France sous la grande coupole : voilà une visite qui ravira petits et grands ! *Rue de l'Observatoire Tél. 03 90 24 24 50 http://planetarium.u-strasbg.fr/* ***Horaires*** *Séances mer. et dim. à 14h15 et 16h15 Visite de l'Observatoire à 15h15 et 17h15 Visite libre de la crypte aux Étoiles 14h-17h45 Rés. recommandée ; mar., jeu. et ven. sur rdv Horaires spéciaux en période de vac. scol.* ***Tarifs*** *Séance au planétarium : 5,60€ , moins de 16 ans 3,15€ ; visite guidée de l'Observatoire : 5,60€, réduit 3,15€ ; planétarium + visite guidée : 7,50€, réduit 4,20€*

Découvrir le quartier Européen

☆ **À ne pas manquer** Le Conseil de l'Europe, le Parlement européen et le parc de l'Orangerie **Et si vous avez le temps…** Assistez à une session plénière du Parlement, mesurez l'intensité des débats en guettant les variations lumineuses de sa façade

☆ **Palais de l'Europe/Conseil de l'Europe (plan 1, D1)** Fondé en 1949, le Conseil de l'Europe est une organisation intergouvernementale (indépendante de l'Union européenne), qui regroupe 46 États membres et cinq pays observateurs (Canada, États-Unis, Japon, Mexique et Vatican). Elle réunit une émanation des gouvernements (Comité des ministres), des parlements nationaux (Assemblée parlementaire, 315 membres) et des collectivités locales (Congrès des pouvoirs locaux et régionaux), ainsi que la Cour européenne des droits de l'homme. Les 1 800 agents du secrétariat général assurent le fonctionnement de cette organisation, dont les objectifs sont la défense des droits de l'homme, le maintien de la démocratie, la recherche de solutions aux grands problèmes (terrorisme, racisme, clonage…), l'harmonisation culturelle et identitaire européenne, enfin la cohésion sociale et la sécurité. Le Conseil siège au palais de l'Europe, dessiné par le Français Henry Bernard et inauguré en 1977. Il s'agit d'une construction massive et carrée de 106m de côté sur 38m de haut, reposant sur 976 pieux. Dans ses quatre ailes en béton, aluminium, grès et verre, se déploient plus de 1 000 bureaux. Au centre du carré évidé, comme protégé, l'hémicycle développe au contraire des lignes courbes, souples et sans saillies. *Av. de l'Europe Tél. 03 88 41 20 29 www.coe.int Accès : bus lignes 6, 30, 72, arrêt Palais-de-l'Europe Visite de 1h du lun. au ven. (sauf j. fér. et sem.*

de sessions) sur demande écrite adressée au : Service des visites F-67 075 Strasbourg Cedex Fax 03 88 41 27 54 visites@coe.int

☺ **Immeuble du Parlement européen (plan 1, D1)** Institution supranationale dont les membres sont élus au suffrage universel direct, le Parlement européen, fondé en 1979, réunit 732 députés représentant les 25 États de l'Union. Ces parlementaires, élus tous les cinq ans, y votent des lois affectant la vie quotidienne de plus de 450 millions de citoyens : environnement, travail, droits de l'enfant, égalité des sexes, etc. Les sessions plénières se déroulent à raison de 4 jours par mois à Strasbourg, les réunions préparatoires ayant lieu à Bruxelles. Jusqu'à l'inauguration du nouvel immeuble, en 1999, ces sessions se déroulaient au siège du Conseil de l'Europe. Conçu par Architecture Studio, le bâtiment Louise-Weiss est en réalité composé de deux édifices, une "ellipse" et un "cercle", représentant l'"échange" entre démocratie et pouvoir. Le premier, ellipse de verre et de métal, épouse la berge de l'Ill et abrite le vaste hémicycle de 750 places. Dans la concavité de l'ellipse, un second édifice accueille les bureaux des députés. "Transparence" oblige, le soir, un dispositif de fibres optiques fait varier l'éclairage de la façade en fonction de l'intensité des débats… *Allée du Printemps Tél. 03 88 17 20 07 www.europarl.eu.int Visite pour groupes de 15 à 50 personnes (durée : 1h30-2h) sur demande écrite (deux ou trois mois à l'avance) : Bureau de Strasbourg BP 1024 F F-67070 Strasbourg Cedex Fax 03 88 17 51 84 EPStrasbourg@europarl.eu.int*

Palais des Droits de l'homme (plan 1, D1) Conçu en 1995 par Richard Rogers (coauteur du centre Georges-Pompidou, à Paris), il abrite la Cour européenne des droits de l'homme (1959), institution du Conseil de l'Europe chargée de faire respecter les textes de la Convention européenne des droits de l'homme (1950). Ses deux cylindres latéraux, surélevés, évoquent les plateaux d'une balance, symbole de la justice. *Quai Ernest-Bévin www.echr.coe.int Accès : bus ligne 30, arrêt Droits-de-l'Homme Visite sur réservation au 03 88 41 20 32*

☆ ☺ **Parc de l'Orangerie (plan 1, D1-D2)** Dessiné par Le Nôtre à la fin du XVIIe siècle, le plus grand (25ha) et le plus couru des parcs strasbourgeois reçoit, après la Révolution, 138 orangers remis à la ville par Louis X, landgrave de Hesse-Darmstadt. De 1804 à 1807, l'architecte municipal Boudhors y construit un pavillon de plaisance pour l'impératrice Joséphine qui, avec Napoléon Ier, aime séjourner à Strasbourg et profiter de cet écrin de verdure. L'édifice néoclassique sert dès lors d'orangerie, donnant son nom au parc. Réaménagé en jardin romantique à l'anglaise dans les années 1830, le parc est agrandi à l'occasion de la grande Exposition industrielle et artisanale de 1895. De cette époque datent le lac artificiel, la grotte en rocaille et sa cascade, le petit zoo (macaques, flamants roses, émeus, perroquets…), l'élevage de cigognes et quelques bâtisses, dont le Buerehiesel (1607), belle maison à colombages de la région de Molsheim, qui abrite un restaurant gastronomique. *Av. de l'Europe, bd du Président-Edwards, bd de l'Orangerie et rue F.-X.-Richter*

Comment assister à une session plénière ?

Parlement européen (plan 1, D1). Se présenter le jour même, muni d'une pièce d'identité. Consultez le calendrier des sessions sur Internet. *Allée du Printemps Tél. 03 88 17 20 07 www.europarl.eu.int Interdit aux enfants de moins de 14 ans*

Découvrir le port autonome et les environs de Strasbourg

☆ **À ne pas manquer** Le jardin des Deux-Rives **Et si vous avez le temps...** Longez les rives du Rhin à vélo ; à Schiltigheim, visitez la brasserie Heineken et participez à la fête de la Bière

Le port autonome

Naviscope Alsace (plan 1, D3) Parcours pédagogique dans les cabines du *Strasbourg*, pousseur de 35m transformé en musée de l'Alsace rhénane. Construction navale, navigation, activités portuaires, vie quotidienne des mariniers... Une découverte ludique pour petits et grands. *À quai : bassin des Remparts 18, rue du Général-Picquart Tél. 03 88 60 22 23 Ouvert mar., mer. et dim. 14h30-17h30 (juil.-août tlj.) Fermé 3 sem. en jan. ou fév. 4€ (2,50€ pour les scolaires et les étudiants)*

Jardin des Deux-Rives (plan 1, D4) Inauguré lors du festival du même nom, en avril 2004, un vaste parc à cheval sur les rives du Rhin (le premier parc transfrontalier), sillonné de pistes cyclables. La passerelle Mimram, du nom de son architecte, belle construction suspendue à double tablier, relie la partie allemande (dans la ville de Kehl) au jardin français. Elle est réservée aux piétons et aux cyclistes. Les automobilistes qui désirent se rendre en Allemagne doivent emprunter le pont de l'Europe (1960), au nord. *De la place de l'Étoile, suivre la route du Rhin en direction de Kehl, passer le pont Vauban puis prendre à droite la route du Rhin-Napoléon*

Parc de la Citadelle (plan 1, D4) Un mur d'enceinte pentagonal entoure ce grand parc prisé des étudiants et des habitants du quartier. Au sud-est du centre ville, il occupe l'ancienne citadelle construite par Vauban en 1681. *Rue d'Ankara et rue de Boston*

Découvrir l'agglomération strasbourgeoise

☺ **Schiltigheim** Cette vaste commune de l'agglomération strasbourgeoise accueillit au XIXe siècle les premières grandes brasseries industrielles de la région. Avec les entreprises Adelshoffen, Heineken, Fischer et Schutzenberger, elle concentre la majeure partie de la production régionale et demeure la capitale brassicole de l'Alsace. Une fête de la Bière s'y tient chaque année, le 2e week-end d'août, du ven. au lun. ***Brasserie Heineken** 4, rue Saint-Charles 67300 Schiltigheim (à 4km au nord du centre de Strasbourg) Tél. 03 88 19 58 00 Visite sur rdv (cf. aussi Manger dans les environs)*

Manger à Strasbourg

très petits prix

Gallia (plan 1, C3, n°10). Dans un immeuble néo-Renaissance de 1885, le plus apprécié des restaurants universitaires strasbourgeois. La haute et vaste salle ornée voûtée d'ogives, animée du brouhaha des discussions, du va-et-vient et des entrechoquements de vaisselle qu'impose le service, ne désemplit pas. Ambiance jeune ! Formules à 3,60€, 4€, 4,80€ et 5€. ***Quartier Impérial*** *1, pl. de l'Université Tél. 03 88 15 73 73 Ouvert lun.-ven. et sam. ou dim. 11h30-14h et 18h30-21h*

petits prix

☺ **Restaurant de la Bourse (plan 1, C4, n°11).** Fresques, banquettes courant le long des murs, tables resserrées dans une vaste salle découpée en boxes : rien ne manque à ce décor Belle Époque. À essayer le soir, pour ses lumières et, en fin de semaine, pour son pianiste. Fricassée de foies de volailles à la crème et au raisin, steak tartare, salade périgourdine aux deux foies gras... Menus 7,50-30€. ***Krutenau*** *1, pl. du Maréchal-de-Lattre-de-Tassigny Tél. 03 88 36 40 53 Ouvert tlj. 10h-23h30*

prix moyens

☺ **Au renard prêchant (plan 2, D3, n°20).** Dans un coin paisible de la place de Zurich, derrière une petite cloison de verdure, se cache l'une des plus exquises terrasses de Strasbourg. Un cadre idéal pour goûter à l'excellente et copieuse cuisine de terroir proposée par Léon Huffenus (cochon de lait aux mirabelles sur choucroute, filet mignon aux trois fromages, ravioles au foie gras de canard, feuilleté d'escargots aux petits légumes...). À l'intérieur, salle boisée, rustique, chaleureuse, sans excès de bibelots. Carte 25€. ***Krutenau*** *34, pl. de Zurich Tél. 03 88 35 62 87 Ouvert lun.-ven. 12h-14h et 19h30-22h30, sam. 19h30-22h30*

L'Ami Schutz (plan 2, A3, n°21). Ses lambris du XVIIe siècle, ses nappes à carreaux et ses portraits d'Alsaciennes ont permis au restaurant de Cathy Maisch d'acquérir la palme de "la *bierstub* la plus pittoresque de France". Et pourtant, au cœur de la très touristique Petite France, elle évite l'excès de mise en scène et demeure l'un des rares établissements de qualité plébiscités par les Strasbourgeois eux-mêmes. Minute de saumon tiède aux cocos blancs, tournedos de lotte poêlé, magret de canard et choucroute au riesling. Superbe terrasse aux beaux jours. Menus à partir de 16,50€ (midi) et de 22,80€ (soir). ***Petite France*** *1, Ponts-Couverts Tél. 03 88 32 76 98 Ouvert tlj. 11h45-13h45 et 18h45-22h45 Fermé pendant les vacances scolaires de Noël (zone B) et le 1er mai*

prix élevés

L'Alsace à table (plan 2, B3, n°23). Avec ses filets de pêche et ses coquillages factices, la décoration peut surprendre. L'établissement du célèbre chef Guy-Pierre Baumann n'en reste pas moins l'un des deux grands restaurants de poisson de Strasbourg, avec La Cambuse. Ses salles sont plus spacieuses, lumineuses, animées, et par conséquent moins intimes. Aux suggestions du jour – effilochée de raie aux câpres, médaillons de truites, pavé d'espadon grillé à la sauce maracujas, demi-douzaine d'huîtres... –, les serveurs apportent précisions et conseils. À l'étage, beau salon Art nouveau à réserver pour les grandes occasions. Menus 22-52€. ***Quartier Français*** *8, rue des Francs-Bourgeois Tél. 03 88 32 50 62 Ouvert tlj. 12h-14h30 et 19h-23h Fermé le soir les 24 déc. et 1er jan.*

La Cambuse (plan 2, B3, n°26). Au cœur de la Petite France, cette discrète façade cache l'un des restaurants de poisson les plus réputés de la ville. Plafonds bas, boiseries laquées, rampes et appliques dorées, nuances marines : l'intérieur, minuscule, évoque une cabine de 1re classe de paquebot. Autour d'un saumon aux herbes ou d'un empereur à la coriandre, vous naviguerez parmi une clientèle mi-chic mi-bobo, servie par le personnel attentif de Babette et Philippe Lefebvre, les sympathiques propriétaires. Menus 55-65€. ***Petite France*** *1, rue des Dentelles Tél. 03 88 22 10 22 Fermé dim. et lun., 2 sem. début mai, 2 sem. début août et 2 sem. fin déc.-début jan.*

prix très élevés

☺ **Au crocodile (plan 2, B2, n°27).** Le plus célèbre restaurant de Strasbourg, tenu par l'un des grands chefs français : Émile Jung. En prélude, le flocon glacé à l'azote (–196°C) excitera les papilles gustatives de l'heureux client. Suivront les compositions du maître, nourries d'un traditionalisme revendiqué, agrémentées d'une pincée d'audace : noisette de faon de biche à l'écorce d'orange ; caille confite au foie d'oie, raisins et figues à l'huile de noix... Du très haut de gamme à découvrir dans l'une des quatre salles bourgeoises de l'établissement. Au service, Mme Jung, et à la cave, Gilbert Mestrallet, meilleur sommelier maître d'hôtel de France en 1981. Clientèle huppée. Menus 88-127€. ***Quartier Français*** *10, rue de l'Outre Tél. 03 88 32 13 02 Ouvert mar.-sam. 12h-13h30 et 19h30-21h30 Fermé 10 juil.-1er août, 24 déc.-9 jan.*

Buerehiesel (plan 1, D2, n°12). L'autre (très) grande table de la ville jouit d'un cadre exceptionnel, magnifique écrin de verdure entre quartier Européen et centre ville : le parc de l'Orangerie. Comble du chic ! La demeure cossue, de tradition alsacienne, possède, outre d'élégantes salles et salons, une verrière noyée, l'été, sous les feuillages... Aux fourneaux, les talentueux commis d'Antoine Westermann s'affairent à concocter une cuisine de haute volée : canette de Barbarie rôtie au citron et au poivre de Penja ; poitrine de pigeon d'Alsace, ailes et cuisses farcies, tagine de céleri, amandes et raisins... À partir de 80€ à la carte. ***Quartier Européen*** *4, parc de l'Orangerie Tél. 03 88 45 56 65 Ouvert mar.-sam. 12h-13h30 et 19h-21h45 Fermé 3 sem. en jan. et 3 premières sem. d'août*

Manger dans une *winstub*

prix moyens

☺ **Zum Strissel (plan 2, C3, n°40).** L'une des plus belles et authentiques *winstub* de la ville. Trois salles, dont, à l'étage, celles, superbes, des Corporations et du Pressoir, accueillent touristes et Strasbourgeois en quête de tradition locale et de convivialité. Parquets, lambris, vitraux, ferronneries, gravures, mobilier et motifs alsaciens composent le décor. Partout flotte une grisante odeur de bois, jusqu'à ce que le fumet d'un *baeckeoffe* (ven. soir ou sur commande), d'un jambonneau salé ou d'un filet de bœuf sauce pinot noir finisse par prendre le dessus. Accueil chaleureux, presque maternant, de la propriétaire. Menus 13,20-20,80€. Comptez 25€ à la carte. ***Quartier de la cathédrale*** *5, pl. de la Grande-Boucherie Tél. 03 88 32 14 73 Ouvert tlj. 11h30-23h Fermé 1er-10 fév. et juil.*

☺ **Chez Yvonne (plan 2, C2, n°45).** Hommes d'État, parlementaires, habitués et anonymes se mêlent allégrement dans cette délicieuse petite *winstub* dont la réputation n'est plus à faire. Boiseries patinées, nappes à motifs Art nouveau ou à carreaux, tables bien dressées : le meilleur de la tradition alsacienne. Le talent du chef et le personnel de service, qui marie, comme rarement, professionnalisme et gentillesse, distinguent décidément Chez Yvonne de ses concurrents. Une *stub* un brin plus chic, et donc plus chère que les autres. La prestation en vaut la peine. Foie gras poêlé aux mirabelles, steak tartare, côtes de veau de lait aux pommes sautées, coq au riesling. De 30 à 40€ env. ***Quartier Français*** *10, rue du Sanglier Tél. 03 88 32 84 15 Ouvert tlj. 12h-14h15 et 18h-0h Fermé mi-juil.-mi-août et vac. de Noël*

Manger dans les environs

prix moyens

Fischerstub. Dans la *stub* de la brasserie Fischer, chaque jour est une nouvelle occasion de célébrer la bière. Aussi vient-on de loin participer à cette fête. La salle immense, conviviale, bruyante, est comme une vaste cantine où l'on sert des assiettes copieuses et des chopes généreuses. À essayer en famille ou entre amis. Faux-filet aux girolles, andouillette sauce moutarde, cervelas grillés, tartes flambées… Comptez de 20 à 25€ avec la Fischer. *5, route de Bischwiller 67300* ***Schiltigheim*** *(à 4km au nord du centre de Strasbourg) Tél. 03 88 18 19 19 Ouvert tlj. 12h-14h et 18h30-0h (dim. 22h) Fermé sam. midi*

prix élevés

☺ **Schadt, "Chez Philippe".** La renommée de cette table authentique de la grande couronne strasbourgeoise a franchi les frontières de l'Alsace il y a longtemps. En témoignent les photos de chefs d'État venus goûter à la cuisine de Philippe Schadt qui ornent les murs du hall. À la carte : sandre aux morilles, côte de veau à l'oseille, choucroute de poisson… De 35 à 60€. *8, pl. de l'Église 67113* ***Blaesheim*** *(à 14km au sud de Strasbourg par l'A35 puis l'A352, sortie 10) Tél. 03 88 68 86 00 Ouvert lun.-mer. et ven.-sam. 12h-13h30 et 19h-21h, dim. 12h-13h30*

☺ **Serge & Co.** Hong Kong, Los Angeles, Paris… De ses voyages, Serge Burckel a rapporté des saveurs, des arômes et surtout des idées. Riche de ces expériences, il distille une cuisine "sans attaches", raffinée et bénéficiant d'un service impeccable dans un cadre contemporain, dépouillé mais sans froideur. Parmentier de chair de tourteaux, chevreuil à la rose, lieu jaune en paquet… Carte 50-60€, menus 24,50€ (midi), 46-78€. *14, rue des Pompiers 67300* ***Schiltigheim*** *(à 4km au nord du centre de Strasbourg) Tél. 03 88 18 96 19 Ouvert mar.-ven. 12h-14h et 19h30-21h30, sam. et lun. 19h30-21h30*

Sortir à Strasbourg

☺ **Trolleybus (plan 2, B3, n°52).** Un café-bar à la décoration sans fioriture, mais à la programmation musicale alternative de qualité. À l'image de ses habitués, plutôt branchés mais sans ostentation. Pour un premier essai, rendez-vous au Trolleybus le soir, quand l'endroit est particulièrement animé. Belle terrasse en été. ***Quartier Français*** *14, rue Sainte-Barbe Tél. 03 88 32 47 96 Ouvert lun.-sam. 10h30-1h, dim. 15h-1h*

Où aller au spectacle ?

Opéra national du Rhin (plan 2, C1). Promu au rang d'opéra national en 1997, il a la particularité d'associer trois villes : Colmar (lieu de formation des jeunes chanteurs), Mulhouse (siège du ballet) et Strasbourg (siège de la direction et des chœurs). Il pratique également la coproduction, notamment avec la ville allemande de Karlsruhe. Y sont montées des œuvres du grand répertoire mais aussi de créations originales. ***Quartier Français*** *19, pl. Broglie www.opera-national-du-rhin.com* ***Billetterie Strasbourg*** *Tél. 03 88 75 48 23*

Théâtre national de Strasbourg (TNS) (plan 2, D1). C'est l'un des deux seuls théâtres nationaux décentralisés (avec celui de Bretagne). Son école supérieure d'art dramatique prépare à tous les métiers du théâtre. Au programme, des créations et des pièces du répertoire européen moderne et contemporain. ***Quartier Impérial*** *1, av. de la Marseillaise Tél. 03 88 24 88 00 www.tns.fr* ***Billetterie*** *mar.-sam. 10h-18h (lun. 14h-18h)*

Marlenheim

67520

Si la légende d'un palais mérovingien peut piquer la curiosité et si la petite ville a conservé quelques belles maisons anciennes, c'est avant tout pour sa production viticole que l'on visite Marlenheim. Porte septentrionale de la Route des vins et siège de l'association de la "Couronne d'or – Vignoble de Strasbourg", qui réunit 19 communes de la vallée de la Mossig, la localité ne se paie pas de mots. Exposé sud et sud-est, son vignoble produit deux crus vedettes : le rouge de Marlenheim et le grand cru steinklotz. Plus au sud, Traenheim et bergbieten n'ont rien à lui envier, avec leur grand cru altenberg. Les sentiers viticoles de la région invitent à d'agréables balades pédagogiques sur les coteaux comme dans la plaine.

Découvrir Marlenheim et ses environs

☆ **À ne pas manquer** Les caves viticoles de Marlenheim, son vieux centre et le panorama sur la cité de la chapelle des Quatorze-Saints-Auxiliaires ; le village de Wangen **Et si vous avez le temps...** Suivez la Route des vins de Westhoffen à Bergbieten et découvrez ses agréables sentiers viticoles ; participez à une dégustation et à une fête vigneronne ; à Balbronn et Traenheim, garnissez votre panier d'eaux-de-vie et de fruits frais

☆ **Marlenheim** Sur la place du Maréchal-Leclerc, à quelques pas au nord-est de la place du Kaufhaus, donnent quelques maisons à colombages, l'hôtel de ville (XVIIIe s.) et l'église Sainte-Richarde, dont le portail latéral présente un beau tympan roman (1190). À l'ouest, la rue Traversière débouche sur une placette ornée d'un puits du XVe siècle. De là, remontez l'une des deux ruelles qui débouchent sur la place du Kaufhaus pour admirer, à leur extrémité, deux maisons du XVIe siècle, dont l'une est flanquée d'une tourelle (1588). Rebroussez chemin, repassez devant l'église pour prendre la rue de la Chapelle. Le chemin de croix baroque (1772) qui la prolonge grimpe jusqu'à la chapelle des Quatorze-Saints-Auxiliaires, consacrée en 1683 et remaniée en 1772. Juché sur le Marlenberg, l'oratoire domine la ville et la Route des vins. Un agréable petit sentier viticole (1h30) part de la place de la Mairie.

Wasselonne Chef-lieu de canton sur l'axe Strasbourg-Saverne, cité dynamique de quelque 5 600 âmes, Wasselonne manque, hélas, de charme. Son château fort, édifié au XIVe siècle, reconstruit au XVe siècle puis bombardé en 1674 lors de la guerre de Hollande, n'a jamais été restauré. Subsistent l'une des entrées du château, surmontée d'une tour carrée adjointe à la Révolution, une tour ronde et la demeure du bailli, toutes trois en bon état, ainsi que quelques vestiges des remparts. Si vous avez le temps, partez à ia découverte des **emblèmes des métiers d'autrefois**, dont la municipalité a créé un circuit et édité une excellente brochure explicative, disponible à l'office de tourisme. De son passé de grand centre corporatif et commercial, Wasselonne a, en effet, conservé de fort beaux exemples de ces emblèmes, le plus souvent sculptés sur les linteaux de porte, qui représentent un bretzel pour les boulangers, un bœuf pour les bouchers, un soulier pour les cordonniers, une roue pour les charrons, le chiffre 4 pour les marchands, etc. *À 4,5km au nord-ouest de Marlenheim sur la N4*
***Office de tourisme** Place du Général-Leclerc 67310 Wasselonne Tél. 03 88 59 12 00 Ouvert 15 juin-15 sept. : lun.-sam. 9h-12h et 14h-18h (ven.-sam. jusqu'à 17h), dim. 10h-12h et 14h-17h ; 16 sept.-14 juin : lun.-ven. 9h-12h et 14h-17h*

☆ **Wangen** Cette bourgade viticole, où le colombage et le grès rose s'unissent avec grâce, s'est construite en cercles concentriques autour d'un château fort, rasé et remplacé par des vergers. De l'église, prenez la rue du Château (première couronne). Belles maisons anciennes à portes cochères face aux nos 72 et 74. Puis descendez au hasard des venelles vers la porte d'enceinte (XIIIe s.) et la rue Basse, bordée de granges et de maisons à encorbellement. Remarquez, sur les clés de linteau des portes, l'emblème récurrent des tonneliers : un maillet, un ou deux claviers et parfois un tonneau. À la périphérie du village, sur les hauteurs où se côtoient vignes et vergers, gisent quelques vestiges des fortifications médiévales. *À 2,5km au sud-ouest de Marlenheim par la D422 et la D142. Un petit sentier viticole (1h) part de la mairie.*

Où faire une dégustation de vin ?

Deux adresses à retenir : le **Domaine Mosbach** (*10, pl. du Kaufhaus 67310 Marlenheim Tél. 03 88 87 50 13*) aux excellents pinot noir rosé vorlauf et pinot noir rouge-de-marlenheim, et la **Cave du Roi Dagobert** (*route de Scharrachbergheim 67310 Traenheim Tél. 03 88 50 69 00*), coopérative réunissant près de 300 viticulteurs et couvrant près de 750ha. Les producteurs suivants valent aussi le détour.

☺ **Domaine Mochel.** Un représentant incontournable du grand cru altenberg de Bergbieten, ici valorisé sur 5ha. Les AOC d'Alsace (7 cépages) occupent l'autre moitié du domaine (10ha) entretenu par cette famille depuis 1669. Comptez env. 14,50€, la bouteille de riesling ou de gewurztraminer grand cru 2003. *56, rue Principale 67310* ***Traenheim*** *(à 5,5km au sud-ouest de Marlenheim par la D422 et la D225) Tél. 03 88 50 38 67 Ouvert lun.-sam. 8h-12h et 13h-18h*

Domaine Roland Schmitt. Le fils de Roland et Anne-Marie Schmitt, Julien, a repris le flambeau de ce domaine incontournable de Bergbieten. Riesling altenberg "Sélection Vieilles Vignes" 2004 : 10€. Cuvée Prestige gewurztraminer altenberg "grains nobles" 2000 : 24,40€. Mais aussi Vendanges tardives (14-18€) et génériques (5-7€). Dégustations, visites de la cave et du vignoble sur rdv. *35, rue des Vosges 67130* ***Bergbieten*** *Tél. 03 88 38 20 72 Ouvert lun.-sam. 8h-12h et 14h-18h, dim. sur rdv*

Où visiter une distillerie artisanale ?

Distillerie Hagmeyer. Arboriculteur et distillateur de renom, lauréat de nombreux concours agricoles, Willy Hagmeyer concocte dans ses surprenants alambics en cuivre une trentaine d'eaux-de-vie et liqueurs. Visite guidée et dégustation sur rdv. *119, rue Principale 67310* ***Balbronn*** *(à 9,5km au sud-est de Marlenheim par les D422, D218 et D275) Tél. 03 88 50 38 99 Ouvert lun.-sam. 9h-12h et 14h-18h*

Où acheter des fruits frais ?

☺ **Ferme fruitière Rothgerber**. Des parfums enivrants de fruits frais embaument la salle de vente de l'usine de conditionnement. Sur les étals, quinze variétés de pommes produites par la maison côtoient des abricots d'Italie, des myrtilles des Carpates, des framboises, pêches, cerises, mirabelles, poires et agrumes achetés aux voisins ou importés et mûris sur place dans les meilleures conditions. Nombreux jus de fruits. Une étape inhabituelle sur la Route des vins, mais ô combien rafraîchissante ! *1, rue Scharrach 67310* ***Traenheim*** *(à 5,5km au sud-ouest de Marlenheim par la D422 et la D225) Tél. 03 88 50 38 07 Ouvert juil.-mars : lun.-sam. 9h-12h et 14h-18h (sam. 17h) ; avr.-juin : mer. et ven. 14h-18h, sam. 9h-12h et 14h-17h*

☆ Obernai et le mont Sainte-Odile

67210

Prospère et chaleureuse, la petite cité (10 500 hab.) jouit d'une position enviable sur la Route des vins, à deux pas de Strasbourg, au pied des Vosges et à proximité du célébrissime mont Sainte-Odile. Carrefour majeur des circuits touristiques du Bas-Rhin, dont elle est la deuxième ville pour la fréquentation, elle offre cependant plus qu'une simple étape stratégique. Ses ravissantes maisons alsaciennes, son fameux *Kapellturm*, son puits à six seaux, ses remparts bien conservés, son sentier viticole et ses nombreux restaurants composent un tableau réjouissant où s'affirme un réel savoir-vivre.

Découvrir Obernai

☆ **À ne pas manquer** La place du Marché et la promenade des remparts à Obernai, le mont Sainte-Odile, son monastère et le mur Païen **Et si vous avez le temps...** Admirez le magnifique panorama sur les Vosges du sentier viticole d'Obernai ; offrez-vous un café ou un dîner dans les jardins de La Cour d'Alsace ; après une randonnée au mont Sainte-Odile, dégustez un verre du fameux rouge d'Ottrott

☆ **Place du Marché (plan B2)** Le cœur économique et touristique d'Obernai. L'harmonieux ensemble de ses belles maisons à pignon et pans de bois en font un décor presque théâtral et pourtant authentique. Piétonne, cernée de restaurants et de boutiques, agrémentée de quelques bancs et rafraîchie par la fontaine Sainte-Odile (1904), elle ne manque pas d'animation. Trois constructions retiennent plus particulièrement l'attention : l'hôtel de ville, le beffroi et la halle aux blés.

☆ **Anciens remparts (plan B2)** Commencée au XIIe siècle, achevée en 1298 et plusieurs fois reconstruite, la double enceinte d'Obernai était renforcée par une trentaine de tours, dont certaines ont disparu. Le rempart Foch, à l'est de la ville, demeure en excellent état. Et, si les huit portes de l'enceinte ont été abattues au XIXe siècle, les bastions conservés servent aujourd'hui d'habitations et leurs fossés sont devenus des jardins, invitant à une exquise promenade, par beau temps, sous les tilleuls et les marronniers.

☺ Sur le sentier viticole

Deux bonnes raisons de suivre ce sentier de 3,6km (1h30) tracé par le syndicat local des viticulteurs : pédagogique, il instruira le promeneur sur la composition du vignoble obernois. Remarquablement situé au sommet du mont National, il lui offre enfin et surtout de superbes vues sur la ville et le massif vosgien. ***Départ*** *Mémorial ADEIF Ouvert toute l'année Rens. office de tourisme Tél. 03 88 95 64 13*

Découvrir les environs

☆ Le mont Sainte-Odile

La légende veut que née aveugle vers 660, et aussitôt rejetée par son père, le duc franc Etichon (ou Adalric), Odile ait recouvré la vue à 12 ans, lors de son baptême, et décidé en retour de consacrer sa vie à Dieu. Vers 680, le repentir et saint Léger, évêque d'Autun, poussent le duc à offrir à sa fille son château du Hohenbourg, bâti sur un surplomb du versant oriental des Vosges. C'est ainsi qu'Odile fonde la première abbaye de femmes d'Alsace sur cette éminence qui la rapproche symboliquement de Dieu. Figure de dévotion et de charité, à laquelle on attribue plusieurs miracles, Odile est canonisée à sa mort, vers 720, et le mont prend alors le nom qu'on lui connaît, devenant un centre de pèlerinage. À la fin du XIIe siècle, sous la direction de l'abbesse Herrade, est composé au Hohenbourg l'*Hortus deliciarum*, ou *Jardin des Délices*, un manuscrit richement illustré relatant l'histoire biblique de la création à la fin des temps, qui disparaîtra dans l'incendie de la bibliothèque de Strasbourg en 1870. Déserté par les moniales après un sinistre, en 1546, le couvent est reconstruit par les Prémontrés, et le pèlerinage au tombeau de sainte Odile s'intensifie. Vidé de ses occupants par la Révolution, le monastère est racheté par l'évêché de Strasbourg en 1853 et fait l'objet d'amples travaux de rénovation dans la première moitié du XXe siècle. Depuis, il reçoit près d'un million de visiteurs chaque année. Les sentiers qui grimpent à l'assaut du massif boisé font le bonheur des randonneurs et leur permettent de découvrir des vestiges de l'intrigant mur Païen, dont certains font remonter la construction au Xe siècle av. J.-C. *67530* ***Ottrott*** *(à 12km à l'ouest d'Obernai ; 2 cars/j. par la ligne 210) Tél. 03 88 95 80 53 (Accueil) et 03 88 95 83 84 (Office de tourisme d'Ottrott) www.mont-sainte-odile.com*

Le monastère du mont Sainte-Odile De l'entrée, un passage voûté débouche sur une vaste cour pavée, ombragée par des tilleuls centenaires, face à la salle des pèlerins. À droite de celle-ci, derrière une vasque du XIIe siècle, se profile l'église du couvent.

L'église conventuelle La reconstruction du XVIIe siècle a réutilisé les murs latéraux de l'édifice originel (XIIe s.) et leurs contreforts. Ses six confessionnaux en bois ouvragé, du XVIIIe siècle, figurent parmi les plus précieux d'Alsace. On peut admirer un *Chemin de croix* dû à Charles Spindler (1934) dans les collatéraux.

Les chapelles du cloître La petite porte, à droite quand on ressort de l'église, donne accès à la cour fleurie du cloître, dont trois chapelles mitoyennes occupent l'angle sud-est. Celle de droite, dédiée à Jean Baptiste, restitue en dix peintures murales la vie du saint. À gauche, la chapelle de la Croix a tout d'une crypte romane avec sa voûte d'arêtes basse et sa massive colonne centrale. Partie la plus ancienne du couvent (XIIe s.), elle abrite le monument funéraire du père de sainte Odile. La chapelle Sainte-Odile, ou chapelle du Tombeau (XIIe s., restaurée au XVIIe), forme le cœur spirituel du couvent et le point de convergence des pèlerins. Les reliques de la patronne de l'Alsace y sont conservées dans un sarcophage du VIIIe siècle. Sur les murs lambrissés de la chapelle, des peintures du XVIIIe siècle illustrent des épisodes de sa vie et, au-dessus de son tombeau, deux bas-reliefs représentent son baptême et Etichon délivré du purgatoire.

☺ **La grande terrasse** À l'est du cloître, elle dispense un magnifique panorama sur la plaine d'Alsace, les Vosges et la Forêt-Noire. Au centre, un cadran solaire du XVIIe siècle indique l'heure de plusieurs pays. À côté, la chapelle des Larmes (celles qu'Odile aurait versées pour son défunt père, qu'elle savait au purgatoire) est construite sur un cimetière mérovingien. Elle renferme de superbes mosaïques (Franc Danis, 1936) représentant, notamment, des saints alsaciens et sainte Odile priant pour le rachat de l'âme de son père. Dans l'angle nord-est de la terrasse, la chapelle des Anges est ornée d'une mosaïque du même artiste (1948). Deux tables d'orientation vous aideront à localiser les curiosités voisines.

☺ **Les sentiers du mont Sainte-Odile** De nombreux sentiers balisés par le Club vosgien invitent à découvrir plusieurs sites et des vestiges archéologiques sur les versants boisés du mont. Fiches descriptives et cartes disponibles à la boutique du monastère et à l'office de tourisme d'Ottrott : IGN TOP 25 n°3716, fascicule "Description des sites et curiosités" (dans "Les sentiers des amis du mont Sainte-Odile"), topoguide, guides du Club vosgien...

Mur Païen Les hauteurs du mont Sainte-Odile ont livré des céramiques des Ve et IVe millénaires avant notre ère, et on sait qu'elles étaient occupées à l'âge du Bronze, au IIe millénaire. La muraille de moellons de grès qui ceinture la montagne sacrée a fait couler beaucoup d'encre. Érigée au Xe, IXe, IVe ou IIe siècle av. J.-C., selon les sources, probablement réutilisée par les Romains, elle aurait avant tout servi à protéger les populations locales (ou peut-être seulement leurs troupeaux) des invasions barbares. Longue de 10,5km, haute d'environ 3m et large de 1,70m, elle encercle une superficie de plus de 110ha. C'est l'un des vestiges archéologiques les plus importants d'Europe du Nord. Depuis le début du XIXe siècle, des études et relevés ont permis d'en comprendre l'organisation spatiale : deux rétrécissements de l'entablement sommital, fermés par des murs dits transversaux, découpait la fortification en trois compartiments principaux. Le rocher du convent en constituait l'acropole. En sortant du couvent, descendez l'escalier à gauche, puis continuez tout droit vers le chemin de croix jusqu'au rocher du Repos, d'où un sentier rejoint le Beckenfels (rocher de la Cuvette) et le mur Païen (20 min AR). On peut longer le mur Païen à partir du parking P3 ou du couvent. *Tour partiel 2h15 ; tour complet 5h Signalétique du Club vosgien : chevalet jaune*
Source miraculeuse La légende veut que sainte Odile ait fait jaillir cette source pour rendre la vue à un aveugle qu'elle venait de rencontrer. Depuis, les pèlerins viennent s'y humecter les yeux. En sortant du couvent, descendez à gauche, puis tournez encore à gauche au bas de l'escalier et prenez le premier sentier à droite (20 min AR).
Sentier des Pèlerins Ce sentier très fréquenté permet de rejoindre Ottrott en 1h15 environ. Il traverse le mur Païen. *Signalétique du Club vosgien : chevalet jaune*
Autres randonnées à partir du monastère La grotte des Druides (1h-2h30 AR selon les sentiers), les roches du Männelstein (1h), les *tumuli* mérovingiens (30 min), le rocher du Panorama (30 min)

☺ Ottrott

Ottrott-le-Haut (ancienne dépendance de l'évêché de Strasbourg) et Ottrott-le-Bas (jadis sous la tutelle du Saint Empire) ne forment plus qu'une seule et même localité. Toutefois, la distinction géographique et la double dénomination demeurent. Au nord-ouest de la bourgade, sur le plateau de l'Elsberg, à près de 500m d'altitude, se dressent les ruines de deux châteaux du XIIIe siècle : le Lutzelbourg et le Rathsamhausen (*ne se visitent pas*). Les hôtels de la rue du Château rappellent que ce village fleuri accroché à son coteau est l'un des grands points de départ vers les sentiers du mont Sainte-Odile (sentier des Pèlerins, au bout de la rue). Au terme de la randonnée, il faut absolument goûter l'excellent rouge d'Ottrott, un vin charpenté et fruité. *À 4,5km à l'ouest d'Obernai par la D426 (de 5 à 9 cars/j. ligne 210)* ***Office de tourisme*** *46, rue Principale 67530 Ottrott Tél. 03 88 95 83 84 www.ottrott.com Ouvert mar.-jeu. 15h-17h30, ven. 13h30-18h, sam. 13h30-17h*

Parc-aquarium Les Naïades Ce parc pédagogique à la présentation un peu bâclée entraîne ses visiteurs à la découverte des hôtes de différents milieux aquatiques (eaux souterraines, rapides, stagnantes, etc.). Quelque 3 000 individus de 265 espèces, dont les inévitables piranhas, crocodiles du Nil, murènes et requins, barbotent sans grande conviction dans quelque 300 000l d'eau. Également une petite ferme (poneys, lapins, castors, lamas, etc.). Malgré des explications timides et une mise en scène peu probante, Les Naïades raviront les plus jeunes. *30, route de Klingenthal*

67530 **Ottrott** *Tél. 03 88 95 90 32 www.parc-les-naiades.com Ouvert tlj. 10h-18h30 (ferme à 16h les 24 et 31 déc. ; ouvre à 13h30 les 25 déc. et 1er jan.)*

Manger à Obernai

prix moyens

☺ **Stub du Parc (plan A2 n°2).** Comme l'hôtel de luxe qui l'accueille, cette *winstub* aspire à l'excellence. Elle sert une cuisine traditionnelle assez simple, mais soignée, à des prix raisonnables, dans un magnifique cadre de boiseries. Tartare de hareng et crème de raifort, pied de porc farci et pommes sautées. Carte à partir de 25€. *169, route d'Ottrott Tél. 03 88 95 50 08 Ouvert mar.-sam. 12h-14h Fermé 16-18 jan.*

prix élevés

☺ **Le Bistro des saveurs (plan B2 n°4).** Formé chez Robuchon, Thierry Schwartz compose une cuisine d'inspiration régionale, solidement charpentée, dont les ingrédients sages et sûrs évoluent avec les saisons. Une touche contemporaine, tonique, à peine sophistiquée, fait la différence. À Obernai, ces ingénieuses combinaisons "néoclassiques" le placent parmi les grands : dos de hareng mi-fumé mi-rôti et cressonnette de topinambours, filet de bœuf Simmenthal, croustille de saumon, *lumaconi* (pâtes) aux truffes... La salle, rustique, est le domaine d'Hélène, sa souriante épouse, discrète mais toujours de bon conseil. Menus 44-82€, carte à partir de 40€. *35, rue de Sélestat Tél. 03 88 49 90 41 Ouvert mer.-dim. 12h15-14h et 19h15-21h30 Fermé 2 sem. en jan., 3 sem. en juil.-août et vac. scol. fév. et nov.*

Dambach-la-Ville

67650

Ce joli bourg regroupe ses maisons de vignerons derrière des remparts du XIVe siècle, au pied d'un des vignobles les plus étendus d'Alsace (plus de 450ha) et qui comprend le grand cru frankstein. À Dambach (prononcez "Dambac"), la tradition viticole emploie encore une soixantaine de familles, et de nombreuses caves vous attendent pour une dégustation. Un petit tour sur la place du Marché vous permettra d'admirer d'élégantes façades de style médiévo-Renaissance, mais c'est des vignes, à côté de la chapelle Saint-Sébastien, que vous aurez la plus belle vue sur le village. Au loin, dominant la plaine, se détache la formidable silhouette du château du Haut-Kœnigsbourg, monument le plus visité de la région.

Découvrir Dambach-la-Ville

☆ **À ne pas manquer** Le Haut-Kœnigsbourg, la chapelle Saint-Sébastien à Dambach, Scherwiller, les parcs de Kintzheim **Et si vous avez le temps...** Fouinez chez les antiquaires de Châtenois pour dégoter un vieux moule à kouglof ou une nappe ancienne en *kelsch*

☆ **Chapelle Saint-Sébastien** Son clocher roman surgit des vignes au-dessus de Dambach, réservant une très belle vue sur les toits du village. Consacrée au XIIIe siècle, elle recèle un somptueux maître-autel baroque. Le retable a été sculpté dans sept bois de tilleul de 1690 à 1692 par les frères Winterhalter, originaires de la Forêt-Noire. Admirez le foisonnement des colonnes, des guirlandes de fleurs et de fruits. Au nord-est de la chapelle, un ossuaire occupe un caveau roman : les restes qu'il abrite seraient ceux de victimes de la guerre des Paysans (1525). Une autre thèse soutient qu'il s'agit du cimetière d'un village disparu, Oberkirch, dont la chapelle serait en fait l'ancienne paroisse. *Hors des remparts, suivez la route fléchée qui part de la porte de Blienschwiller Chapelle ouverte mai-oct. : tlj. 9h-19h ; nov.-avr. : sam.-dim. 9h-16h*

Découvrir les environs

☆ Le château du Haut-Kœnigsbourg

Avec plus de 500 000 visiteurs par an, le Haut-Kœnigsbourg figure dans le trio de tête des monuments les plus visités de France hors Paris. Voilà qui n'est guère étonnant : perché sur un éperon rocheux, à 755m d'altitude, il offre une vue unique sur la plaine d'Alsace et la Forêt-Noire et un décor de château fort plus vrai que nature. Ce majestueux nid d'aigle ne date, en effet, que... du début du XXe siècle ! *67600* ***Orschwiller*** *(à 11km au sud-ouest de Dambach-la-Ville par la D35, à 7km au sud-ouest de Sélestat et 20km au nord de Colmar) Tél. 03 88 82 50 60 haut-koenigsbourg@monum.fr Ouvert avr.-mai et sept. : tlj. 9h30-17h30 ; juin-août : tlj. 9h30-18h30 ; mars et oct. : 9h45-17h ; jan.-fév. et nov.-déc. : 9h45-12h et 13h-17h Fermé 1er jan., 1er mai et 25 déc. Tarif 7,50€, réduit 4,80€, gratuit pour les moins de 18 ans et le 1er dim. du mois de nov. à mars*

Conseils et détails pratiques Pour éviter la cohue, arrivez de préférence le matin ou après 15h30. La visite commentée est vivement recommandée (1h, plusieurs fois/j., gratuit). Visite avec audioguide : 4,50€. Pour les enfants, "visite ludique" avec un guide en costume médiéval (été et vac. scol., suppl. 1,50€). Possibilité d'inspecter les cuisines de Guillaume II et le donjon lors de la "visite insolite" (sur rés., suppl. 1,50€), ou uniquement le donjon (été, suppl. 1,50€). Enfin, de mi-avr. à mi-oct. et de mi-nov. à mi-déc., ven. et sam. : soirées médiévales avec souper "d'époque" et spectacle sur rés. 40€.

Une histoire mouvementée Au XIIe siècle, les Hohenstaufen édifièrent bien un château sur ce site stratégique, à la croisée de la route du blé et du vin (nord-sud) et de celle du sel et de l'argent (d'ouest en est). Au XVe siècle, le château passa aux Habsbourg, qui le donnèrent en fief aux Tierstein. Ceux-ci le dotèrent d'un système défensif adapté à l'artillerie. Lors de la guerre de Trente Ans, les Suédois démantelèrent la forteresse. Les ruines dormirent pendant plus de 250 ans avant que la ville de Sélestat ne les offrît à l'empereur d'Allemagne Guillaume II en 1899. Désireux de faire revivre à ses visiteurs l'époque des chevaliers, le Kaiser confia à son architecte Bodo Ebhardt la mission de relever le château fort, façon XVIe siècle. La reconstruction du Haut-Kœnigsbourg fut ainsi menée de 1900 à 1908. En dépit des critiques qui ont longtemps tendu à discréditer un ouvrage réalisé par l'"ennemi allemand", ce subtil mélange de reconstitution historique et d'inventions anachroniques est une réussite !

Plus vrai que nature On entre dans l'enceinte par le beau portail d'honneur en grès rose frappé des armoiries superposées de Charles Quint et de Guillaume II.

De la cour basse, un escalier mène au logis. La galerie du cellier occupe toute la largeur de l'éperon rocheux. Remarquez les belles galeries en bois de la cour d'honneur et son puits sur lequel l'architecte allemand est représenté dans la pierre. Les cuisines abritent des foudres d'une capacité de 8 000l ! Un bel escalier en vis polygonal mène aux appartements, dont la chambre de l'impératrice – qui n'y mit jamais les pieds. Dans le logis ouest, la salle du Kaiser impressionne par son volume. Sa voûte peinte représente l'aigle impériale et les blasons d'Alsace et de Lorraine, pour mieux légitimer l'annexion des deux provinces françaises à l'Empire allemand. Les peintures murales, teintées de Jugendstil (Art nouveau), sont signées Leo Schnug. On traverse ensuite une enfilade de pièces dotées de beaux meubles Renaissance rhénane et de poêles en fonte. Un escalier descend jusqu'à la salle d'armes, pourvue d'un énorme poêle en céramique vernissée verte, pour admirer sa fabuleuse collection de hallebardes, d'épées, d'arbalètes et d'armures de fantassins. En sortant, un pont-levis mène au haut-jardin, décoré d'éléments Renaissance.

Un panorama grandiose Montez jusqu'au grand bastion, une plate-forme d'artillerie pourvue de mâchicoulis. La vue sur la plaine d'Alsace, les vallées et les ballons des Vosges justifie à elle seule la visite du château… Les cinéphiles se rappelleront que le Haut-Kœnigsbourg servit en 1937 de décor à Jean Renoir pour son film *La Grande Illusion.*

Se distraire en famille

Village-rue assez banal, **Kintzheim** attire beaucoup d'étourdis, qui le confondent avec Kientzheim, charmante localité du Haut-Rhin. Ne les imitez pas ! Kintzheim possède en revanche trois parcs qui enchanteront les enfants. *À 9km au sud de Dambach-la-Ville par la D35 et 4km à l'ouest de Sélestat par la D159*

Volerie des aigles. Depuis 1968, de majestueux rapaces hantent les ruines du château de Kintzheim. Un spectacle d'oiseaux de proie est donné chaque après-midi : aigles, faucons, milans et vautours s'amusent à raser la tête des spectateurs. Une expérience forte, qui fait le bonheur des petits comme des grands. Le romantisme du cadre ajoute au charme du spectacle. Vingt minutes à pied suffisent pour rejoindre la Montagne des singes, l'autre grande attraction de Kintzheim. *Château de Kintzheim (route du Haut-Kœnigsbourg) Tél. 03 88 92 84 33 www.voleriedesaigles.com Ouvert 1er avril-11 nov.* ***Spectacles*** *En avr., sept.-oct. : tlj. 15h et 16h En mai : lun.-ven. 14h30 et 16h ; week-end et j. fér. 15h, 16h et 17h En juin : lun.-ven. 14h30, 15h45 et 17h ; week-end et j. fér. 15h, 16h et 17h Du 1er au 13 juil. et du 23 au 31 août : tlj. 15h, 16h et 17h Du 14 juil. au 20 août : tlj. 11h, 14h30, 15h45 et 17h Du 1er au 11 nov. : mer., week-end, vac. scol. et j. fér. 15h et 16h Tarif 9€, enfant 6€, gratuit moins de 4 ans*

Cigoland. À 2km de Kintzheim, ce parc d'attractions s'adresse aux familles. Les petits s'émerveilleront devant ses 130 cigognes et autres animaux (kangourous, émeus, daims, lamas, grues, etc.), les bateaux tamponneurs, la plaine de jeux, sans oublier le monorail qui fait le tour du parc sur 1km. Également un "cinéma sensitif" à quatre écrans. *Route de Sélestat Tél. 03 88 92 05 94 www.cigoland.fr Ouvert juil.-août : tlj. 9h30-19h30 ; mai-juin : tlj. 10h-19h ; mars-avr., sept.-1er nov. : lun.-mar. et jeu.-ven. 13h30-18h, mer. et week-end 10h-18h Fermé 2 nov.-20 mars Tarif 10€, enfant 8€*

Saverne et le nord du Bas-Rhin

Cette sélection ne comprend ni les adresses d'hébergement, ni la carte introduisant la GEORégion. Elles figurent dans la version intégrale du **GEOGuide Alsace**, disponible en librairie.

GEOMEMO

Villes principales	Haguenau (34 000 hab.), Saverne (11 200 hab.)
Marchés de Noël	Bouxwiller, le Kochersberg
Espace protégé	parc naturel régional des Vosges du Nord www.parc-vosges-nord.fr
Principales randonnées	Autour de La Petite-Pierre, route des Châteaux forts (Niederbronn, Lembach), circuit transfrontalier de la Plaine rhénane (Lauterbourg), forêt de Haguenau
Spécialités culinaires	Bretzel du pays de Hanau, *flammekueche* du Kochersberg, "bouton de rose" de Saverne

Saverne

67700

Centre économique actif, capitale administrative de l'Alsace Bossue, des pays de Marmoutier et de Hanau, Saverne (11 200 hab.) joue avec succès la carte patrimoniale. Le château des Rohan, la maison Katz, le canal de la Marne au Rhin, le port de plaisance, la roseraie et, savoureuse spécialité chocolatée, le bouton de rose ont fait sa réputation. Aux alentours, le château du Haut-Barr, les abbatiales de Marmoutier et de Saint-Jean-Saverne ainsi que les belvédères vosgiens s'affirment comme des étapes incontournables.

Découvrir Saverne

☆ **À ne pas manquer** Le château des Rohan et l'ancien couvent des Récollets à Saverne, l'abbaye de Marmoutier et le château du Haut-Barr, Saint-Jean-Saverne, son abbatiale et son belvédère (mont Saint-Michel) **Et si vous avez le temps...** Dégustez des "boutons de rose" en flânant le long du canal de la Marne au Rhin à Saverne ; perdez-vous dans la végétation luxuriante du jardin botanique du col de Saverne ; au couchant, profitez d'une vue imprenable sur les Vosges du sommet du Haut-Barr ; faites la tournée des châteaux forts par les sentiers de randonnée

☆ **Château des Rohan (plan B1)** Au vu des dimensions de la ville, l'ancienne résidence des cardinaux de Rohan apparaît comme démesurée, insolite. Sa longue façade de grès (140m) épouse la place Charles-de-Gaulle et arbore, côté jardins, les grandes lignes du néoclassicisme : scansion de la façade par des pilastres d'entre-fenêtre, d'ordre colossal comme les colonnes du portique central. Le cardinal Louis René Édouard de Rohan-Guémené fit construire ce château en 1779 par Nicolas Salins de Montfort après l'incendie de la première résidence épiscopale. Le chantier, interrompu par la Révolution, reprit en 1853. Napoléon III décida en 1857 d'y loger les veuves de hauts fonctionnaires et de militaires morts pour la France. En 1870, la maison d'accueil fut remplacée par une caserne. Devenu la propriété de la ville, le château abrite aujourd'hui un relais culturel (espace Rohan), une école primaire, une auberge de jeunesse et le musée municipal.

☆ **Ancien couvent des Récollets (plan A2)** Construit à partir de 1303 par les hospitaliers d'Obersteigen (Wangenbourg-Engenthal), il passa en 1484 aux Franciscains puis, en 1571, aux Jésuites, avant d'être abandonné et réutilisé comme école latine (XVIIe-XVIIIe s.). La Révolution y installa magasins et logements, le XIXe siècle un collège. Dédiée à saint Antoine de Padoue, l'église abrite un bel orgue Dubois de 1763 et un retable ornementé (1736). Le splendide cloître gothique a été restauré en 1880 et 1961. Le mur de sa galerie sud (côté église) porte des fresques du début du XVIIe siècle. *Rue Poincaré* ***Église*** *ouverte tlj. 15h-19h Cloitre ouvert tlj. 8h-18h*

☺ **Roseraie de Saverne (plan A1)** Ce petit parc ouvert au public le 29 juillet 1900 contribua à faire de Saverne la "ville des Roses" et, à partir de 1923, la plus petite commune participant au Concours international des roses nouvelles. Aujourd'hui

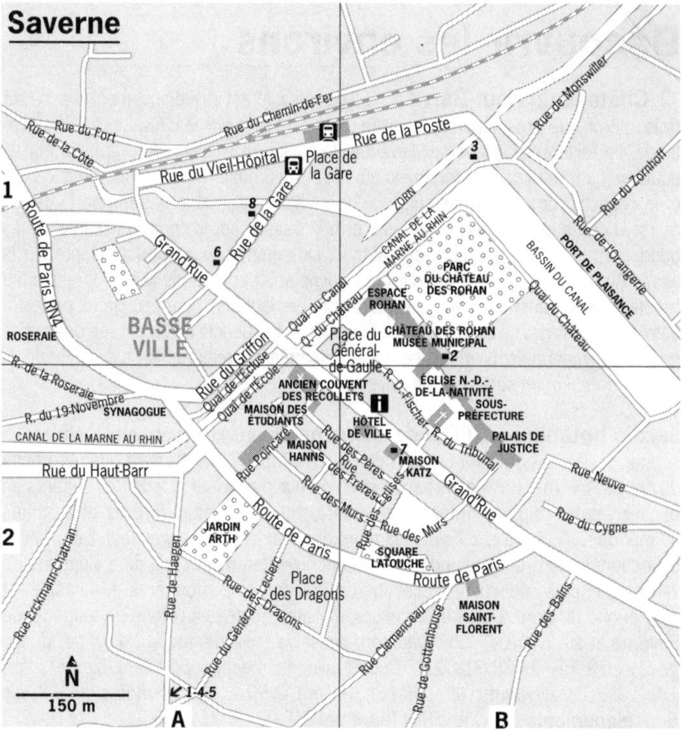

MANGER, DORMIR

1 Camping municipal — A2
2 Auberge de jeunesse du Château des Rohan — B1
3 Caveau de l'Escale — B1
4 Le Clos de la Garenne — A2
5 Villa Katz — A2
6 Hôtel-restaurant Chez Jean — A1
7 Taverne Katz — B2
8 Hôtel Europe — A1

y sont entretenus près de 8 500 rosiers, de plus de 500 variétés, aux noms évocateurs : Soirée de bonheur, Cocorico... En hommage à la fille du pays, une rose Louise Weiss a été créée en 1993. Romantique balade entre les parterres impeccablement taillés, le long des chemins jalonnés de bancs et sous les arceaux envahis de fleurs. *Rue de la Roseraie Tél. 03 88 71 21 33 Ouvert 2 juin-2 sept. : 10h-19h ; 3-23 sept. : 14h-18h Tarif 2€-2,50€*

Où déguster une pâtisserie ?

Pâtisserie-confiserie Boistelle (plan B2). Médaille d'or du kouglof d'Alsace 2001, Boistelle n'en est pas moins réputé pour ses chocolats. Le "bouton de rose", douceur typiquement savernoise, est l'une de ses fondantes spécialités. *92, Grand'Rue Tél. 03 88 02 05 73 Ouvert mar.-sam. 7h-18h30 et dim. 7h30-12h30*

Découvrir les environs

☆ **Château du Haut-Barr** Cet "Œil de l'Alsace" est stratégiquement dressé sur trois éperons de grès séparant la vallée de la Zorn et la plaine d'Alsace, à 470m d'altitude. La forteresse érigée par l'évêque Rodolphe au XIIe siècle fut agrandie par un autre évêque, Jean de Manderscheid en 1583. Du premier édifice demeurent le logis et la chapelle romane, du second, une partie non négligeable des remparts et des murs. Un réseau d'escaliers (raides !) et une passerelle, le "pont du Diable", vous conduiront jusqu'aux hauteurs du château. Du sommet, vue époustouflante sur la basse Alsace et les Vosges… pour ceux qui ne souffrent pas du vertige ! Restaurant réputé et très touristique dans le logis roman. Le Haut-Barr figure au circuit pédestre des Châteaux forts. Le circuit du Haut-Barr, une petite boucle de 2h balisée de cercles rouges, permet de découvrir les environs, notamment le télégraphe Chappe. *Route du Haut-Barr À 5km au sud-ouest de Saverne*

Jardin botanique du Col de Saverne Ce jardin de 2,5ha fut aménagé par le pharmacien et botaniste Émile Walter en 1932 dans une clairière pentue proche du col de Saverne. Balade parfumée et colorée à improviser le long des sentiers en escalier, entre l'alpinum (plantes de montagne), l'arboretum (arbres et arbustes d'Amérique, d'Europe et d'Asie) et la tourbière (plantes marécageuses). Deux belles collections : les orchidées indigènes, à découvrir en mai et juin (une vingtaine de variétés, la plus importante collection de France), et les fougères des Vosges et d'Amérique du Nord. Détail des ateliers et visites guidées à l'office de tourisme de Saverne et sur place. *À 2,5km au nord-ouest de Saverne, sur la N4 en dir. du col de Saverne Tél. 03 88 91 80 47 Ouvert mi-mars- mai et sept. : sam.-dim. et j. fér. 14h-18h30 ; juin-août : tlj. 10h-18h30 Tarif 2,50€, gratuit moins de 12 ans* ***Renseignements*** *85, Grand'Rue (Saverne) Tél. 03 88 91 21 00*

☆ ☺ **Abbaye bénédictine de Marmoutier** Fondée en 590 par Léobard, disciple de saint Colomban, elle passa en 724 sous l'administration de l'abbé Maur et prit son nom, *Mauri monasterium*, d'où dérive Marmoutier. Cette abbaye royale exerça une grande influence spirituelle et temporelle sur l'Alsace et la Lorraine aux XIe et XIIe siècles. *67440* ***Marmoutier*** *À 7km au sud de Saverne, sur la route de Wasselonne, par la N4 ; 3 ou 4 cars (ligne 404) lun.-sam.* ***Abbaye*** *Ouvert tlj. 8h30-11h30 et 13h30-18h* ***Office de tourisme du pays de Marmoutier*** *1, rue du Général-Leclerc Tél. 03 88 71 46 84*

Abbatiale Elle fut relevée de 1120 à 1140 : de cette époque demeure la façade occidentale en grès des Vosges, rehaussée d'arcatures aveugles et de bandes lombardes. Placé au centre du sanctuaire, le clocher carré suit la règle carolingienne, enfreinte par l'adjonction des deux tours latérales. La flore de Marmoutier a inspiré les sculpteurs des chapiteaux de la nef gothique (XIIIe s.). Le majestueux orgue (1710) qui la domine est, avec celui d'Ebersmunster, le dernier des trente instruments réalisés par André Silbermann (1678-1734) qui soit entièrement d'origine. Le transept gothique abrite quatre autels baroques (XVIIIe s.), les monuments funéraires d'avoués de l'abbaye (XVIIe s.), les statues de saint Pierre et saint Paul (XVIe s.) et une *pietà* du XVe siècle. Le chœur et ses stalles, richement décorées, sont du XVIIIe siècle. Dans le transept sud, un escalier mène à la crypte. Pour 2€, vous y découvrirez des cénotaphes du XIIe siècle, un sarcophage en chêne de l'an 800 et un second, en calcaire,

du temps de l'abbé Maur, ainsi que des fragments de céramiques gallo-romaines, mérovingiennes et carolingiennes (un temple romain aurait précédé l'église de saint Léobard) et des restes de l'église mérovingienne (724).
Centre européen de l'Orgue – Flûtes du monde Ce minuscule musée aux installations ludiques occupe l'ancienne grange dîmière de l'abbaye. Copies ou parties d'instruments, vidéos et cartes régionales de localisation des orgues complètent la présentation de pièces rares "historiques" : un pianoforte Blaedel de 1860, un orgue à transmission électropneumatique du début du XXe siècle, une bombarde Silbermann de 1746 et un chef-d'œuvre, un pianoforte "organisé" de 1820-1830. Au sous-sol, belle exposition de flûtes du monde, rassemblées par le collectionneur Charles Tripp. *50, rue du Couvent Tél. 03 88 56 47 67 Ouvert avr.-sept. : tlj. 10h-18h ; le reste de l'année : ven.-dim. 14h-17h Tarif 4€, réduit 2€, gratuit moins de 12 ans*

☆ **Abbatiale Saint-Jean-Baptiste** C'est autour de l'abbaye Saint-Georges, fondée en 1127 pour une communauté de bénédictines, que s'est développée la tranquille bourgade de Saint-Jean-Saverne. Unique vestige de l'abbaye, l'église Saint-Jean-Baptiste (1150-1180), de style roman rhénan, possède un riche décor sculpté. Des culots décorés de têtes humaines soutiennent les retombées d'ogives des trois dernières travées de la nef, tandis que, à l'entrée du chœur, les chapiteaux arborent des arbres au feuillage en volutes. Un Agneau pascal entouré d'arbres stylisés, d'étoiles et de rinceaux à palmettes orne le tympan de la porte de la sacristie. Aux angles des façades du vaisseau central, à hauteur de la corniche, apparaissent des protomés d'ours. Sur le chevet central sont représentées, entre diverses scènes animalières, les figures des quatre évangélistes. Comme l'essentiel du mobilier, la tour-porche date du XVIIIe siècle. Des tapisseries du XVIe siècle sont visibles sur demande. *67700* ***Saint-Jean-Saverne*** *À 4km au nord de Saverne par la D115 Tél. 03 88 91 02 60*

Partir en randonnée

Près de 200km de sentiers balisés par le Club vosgien sillonnent la région de Saverne. L'office de tourisme dispose d'un dépliant répertoriant 23 randonnées pédestres de 1h à plus de 5h. Outre de nombreux circuits courts, faciles, adaptés aux balades familiales, comme le **circuit du Haut-Barr**, signalons un intéressant sentier sylvicole (34 essences d'arbres et d'arbustes ; 1h30), un **circuit archéologique** (Saint-Jean-Saverne, 8,5km ; 2h30) et le **circuit des Trois Chapelles** (chapelles Sainte-Barbe, Saint-Vit et du Haut-Barr, superbes panoramas sur la région ; 5h30, carte IGN TOP 25-3715 et dépliant spécifique à l'office de tourisme). Le **circuit des Châteaux forts** figure parmi les plus populaires (Grand et Petit Geroldseck, Ochsenstein, Greifenstein et Haut-Barr ; 30km). Et, pour les vététistes, 4 circuits de 13km à 48km. ***Location de VTT*** *10, rue Saint-Nicolas, Saverne Tél. 03 88 91 17 13*

Manger à Saverne

petits prix

Caveau de l'Escale (plan B1 n°3). Une *winstub* sans chichis et très fréquentée. Le propriétaire, Hubert Fischbach, invite à partager l'atmosphère à la fois festive et intime de son caveau. Pour une bonne tarte flambée entre amis ! Prévoyez de 15 à

25€. *10, quai du Canal Tél. 03 88 91 12 23 Ouvert lun., jeu.-ven. et dim. 12h-13h30 et 19h-21h30 ; mar. 12h-13h30 et sam. 19h-21h30 Fermé 2 sem. fin juin-juil., 10 j. fin oct. et 2 sem. à Noël*

prix moyens

☺ **Le Clos de la Garenne (plan A2 n°4).** Sur les hauteurs méridionales de Saverne, le Clos de Virginie et Sébastien Schmitt a tout pour plaire. Le décor de chalet cossu du restaurant est si chaleureux et rassurant que l'on s'y sent chez soi. Cuisine élaborée du maître de maison : blanc de seiche, romarin, pignons de pin ; gambas poêlées et crème à l'orange suivis de la tablette de chocolat Caraïbes, génoise pistache, framboises fraîches, glace Malabar. Et une carte "Côté *winstub*" : véritable *waedele* "tendre à souhait", salade de betteraves rouges et pommes de terre. À la belle saison, délectable terrasse fleurie sous tonnelles et gloriettes, en lisière de forêt. Double 48-86€. Menus 35-65€ (menu 15€ lun.-ven. midi). *88, rue du Haut-Barr (à 1,5km du centre, dir. château du Haut-Barr) Tél. 03 88 71 20 41 Fax 03 88 02 08 86 www.closgarenne.com Restaurant ouvert lun., jeu.-ven. et dim. 12h-14h et 19h-21h30, mar. 12h-14h, mer. et sam. 19h-21h30 Fermé vac. scol. de fév.*

prix élevés

☺ **Taverne Katz (plan B2 n°7).** En faisant de cette adresse une *winstub* chic, les Camus-Schmitt ont choisi de rendre hommage au bâtiment qui l'accueille, la maison Katz. Également propriétaires de la merveilleuse Villa Katz, ils marquent ainsi la ville de leur sceau. À décor alsacien, carte alsacienne : *presskopf* au cerfeuil et poireaux vinaigrette, ballottine de lapereau farci au foie gras sur méli-mélo de salade, choucroute au poisson et son homard au raifort... Menus de 39 à 53€ le soir. *80, Grand'Rue Tél. 03 88 71 16 56 Ouvert tlj. 12h-14h et 18h-22h*

☺ La Petite-Pierre *67290*

Siège du parc naturel régional des Vosges du Nord, La Petite-Pierre est campée dans un magnifique cadre montagneux, entre la plaine d'Alsace et le plateau lorrain. Fortifié au XIVe siècle, le village qui se développa autour du château des comtes de Lutzelstein ("Petite Pierre" en allemand) devint un centre d'exploitation forestière et minière. Conflits de succession (XVe s.), guerre de Trente Ans, assauts cosaque et badois en 1814... La Petite-Pierre essuya plusieurs sièges. En 1870, sa garnison l'abandonna avant même l'arrivée des troupes allemandes. Sa position, au cœur des Vosges du Nord, en fait de nos jours un haut lieu du tourisme bas-rhinois.

☆ **LE PARC NATUREL RÉGIONAL DES VOSGES DU NORD** Créé en 1976, il s'étend sur 122 000ha, entre le parc naturel allemand de Palatinat au nord, le plateau lorrain à l'ouest et la plaine d'Alsace au sud-est. Wissembourg, Saverne et Volmunster forment les trois pointes de ce vaste triangle, communément découpé en trois ensembles géographiques : le pays de Bitche (Lorraine), la région de La Petite-Pierre et l'ensemble Niederbronn-Lembach-Wissembourg. Le Grand Wintersberg, point culminant du parc, qui atteint timidement 581m au nord de Niederbronn, laisse imaginer de hautes collines lissées par le temps. Ses vallées encaissées, ses abrupts gréseux ici et là violemment rongés par l'érosion lui confèrent, en réalité, un aspect montagnard... Les seigneurs locaux, de tout temps, surent en saisir l'intérêt stratégique. Leurs châteaux peuvent en témoigner. Les forêts de pins, de hêtres, de chênes et d'épicéas qui couvrent près de 65% du territoire parc hébergent une faune abondante. Elles lui ont valu d'être classé réserve de la biosphère par l'Unesco en 1988. Géré par un syndicat de coopération (Sycoparc) regroupant 111 communes membres, le parc fait sans cesse l'objet de travaux d'entretien et de mise en valeur. Quelque 1 650km de sentiers balisés y attendent les randonneurs !

Découvrir La Petite-Pierre

☆ **À ne pas manquer** Le Staedel à La Petite-Pierre, le château du Lichtenberg et les randonnées dans les Vosges du Nord **Et si vous avez le temps...** À La Petite-Pierre, plongez dans le monde coloré de Cléone et offrez-vous l'une de ses étonnantes créations, relaxez-vous, après une randonnée, au spa de La Clairière où au centre d'esthétique de l'Hôtel du Lion d'or ; au creux des falaises de Graufthal, goûtez à l'atmosphère d'une maison troglodytique

☆ La ville fortifiée (Staedel)

Château Édifié sur le site d'un castrum romain à la fin du XIIe siècle, il fut plusieurs fois remanié jusqu'au XVIIIe siècle, notamment par le comte palatin Georges Jean de Veldenz dans la seconde moitié du XVIe siècle. Plus connu sous le nom de Jerri Hans, ce dernier est resté célèbre pour avoir assaini La Petite-Pierre, accru l'exploitation forestière et minière dans la région, développé la verrerie et fondé Phalsbourg, en Moselle. Le château doit ses remparts actuels à Vauban (1684). En 1872, l'annexion allemande mit un terme à ses fonctions militaires. Un sentier permet d'en faire le tour en 20 ou 30min et d'apprécier, sur la façade occidentale, deux fenêtres romanes murées, derniers vestiges de la forteresse d'origine. Installé depuis 1975 dans les murs du château, le siège du parc naturel régional des Vosges du Nord présente sur 700m² une belle exposition permanente, l'Aventure des Vosges du Nord, contant l'histoire du parc, son patrimoine et les enjeux environnementaux, économiques et culturels pour son avenir. *Ouvert tlj. 10h-12h et 14h-18h Fermé Noël et jan. Tarif 2,50€*

Musée du Sceau alsacien Il occupe la chapelle Saint-Louis, bâtie en 1684 pour la garnison du Roi-Soleil. Quelque 2 000 sceaux, blasons et oriflammes y retracent l'histoire de la région et de ses seigneurs, de ses institutions civiles et religieuses, de ses corporations et communautés diverses. Minuscule, certes, mais richement doté ! *17, rue du Château Tél. 03 88 70 48 65 Ouvert fév.-juin et oct.-24 déc. : sam.-dim. 10h-12h et 14h-18h ; juil-sept. et 25 déc.-1er jan. : mar.-dim. 10h-12h et 14h-18h Fermé 2-31 jan. Entrée libre*

☆ Randonner autour de La Petite-Pierre

Le Club vosgien a balisé 350km de sentiers autour de La Petite-Pierre, Reipertswiller et Wingen-sur-Moder. Avant d'user vos souliers ou d'enfourcher votre VTT, faites un tour à l'office de tourisme de La Petite-Pierre : cartes IGN Top 25, guides sur les Vosges du Nord, Balades du Club vosgien, etc. Un topoguide (7€) propose 8 circuits pédestres, de 4 à 35km, à partir de La Petite-Pierre. Accessible à tous, le sentier pédagogique du Loosthal (le plus court : 2h), jalonné de panneaux explicatifs, invite à découvrir les principales essences forestières du parc naturel régional. ***Sentier forestier du Loosthal*** *Accès : suivez la route d'Ingwiller jusqu'à l'hôtel La Clairière, tournez à droite et remontez la route forestière. Le sentier commence à hauteur du 3e parking*

Découvrir les environs

Le pays de La Petite-Pierre

☆ ☺ **Château de Lichtenberg** C'est au début du XIIIe siècle que la puissante famille alsacienne des Lichtenberg fit bâtir ce château sur une éminence gréseuse du massif vosgien. Acquis et embelli par les comtes de Hanau-Lichtenberg dans la seconde moitié du XVIe siècle, investi par les troupes de Louis XIV à la veille de l'annexion française (1678), il fut bombardé et incendié par les canons wurtembergeois en 1870. Ses vestiges, néanmoins, en font l'une des plus belles forteresses du parc naturel régional des Vosges du Nord. Excellente brochure explicative proposant un circuit de découverte, par le corps de garde, la chapelle gothique, la crypte, les citernes et la tour de l'Horloge. De la maison Ouest (XVe-XVIe s.), seul le rez-de-chaussée est d'origine (petites expositions à l'intérieur). L'arsenal (XVIe s.) a aussi été restauré. Un incroyable panorama sur la houle verte des Vosges s'offre du haut de la terrasse d'artillerie. *À 21km au nord-est de La Petite-Pierre par la D135 (jusqu'à Wingen-sur-Moder), la D919 (jusqu'à Wimmenau), la D157 et la D257 Tél. 03 88 89 98 72 Ouvert mi-mars-fin-mars : tlj. 13h-16h ; avr.-mai et sept.-oct. : lun. 13h30-18h, mar.-sam. 10h-12h et 13h30-18h, dim. et j. fér. 10h-18h ; juin-août : lun. 13h30-18h, mar.-dim. et j. fér. 10h-18h (si lun. fér. : fermeture le mar. matin) ; 2-11 nov. : tlj. 13h-16h La vente des tickets s'arrête 30min avant la fermeture Tarif 3€, réduit 2€*

☺ **Graufthal** Ce village de la vallée de la Zinsel, blotti dans l'ombre d'à-pics gréseux, se développa autour d'une abbaye bénédictine connue à partir du XIIe siècle et aujourd'hui réduite à des pierres éparses. Les grottes creusées dans les falaises servirent d'entrepôts aux moines avant d'être progressivement aménagées en maisons troglodytiques. Leur dernière occupante, Catherine Ottermann, est décédée en 1958. Un musée restitue son cadre de vie et celui d'un autre habitant des années 1930 et expose des œuvres sur le thème de Graufthal. *À 10km au sud-ouest de La Petite-Pierre par la D178* ***Maisons des Rochers*** *Tél. 03 88 70 19 59 ou 03 88 70 17 70 Ouvert Pâques-juin et sept. : dim. et j. fér. 14h-18h ; juil.-août : tlj. 14h-18h Entrée 2€*

☆ Wissembourg

67160

Tout concorde à faire de Wissembourg (8 200 hab.) une destination de charme. Son imposante abbatiale, ses maisons anciennes, ses remparts et ses venelles oubliées, sans parler de ses bonnes tables, composent un décor romantique baigné par les canaux et bras sinueux de la Lauter. Son histoire commence véritablement au VIe siècle, quand une communauté de moines s'établit sur le site du castrum romain. Le couvent devient une abbaye bénédictine au VIIe siècle, étend son domaine et, du IXe au XIIIe siècle, rayonne jusqu'aux rives du Danube. Dotée d'une première enceinte au XIe siècle, Wissembourg adhère à la ligue des Villes rhénanes en 1247, puis à la Décapole en 1354. Le XVe siècle est marqué par son essor commercial et artisanal. En 1522, la cité passe à la Réforme. Sa position stratégique lui vaut d'être prise et reprise lors de la guerre de Trente Ans. Devenue française en 1648, elle est incendiée au cours de la guerre de Hollande (1672-1679), et fait l'objet d'âpres combats lors de la Révolution française. À partir de 1870, son sort et celui de l'Alsace ne font qu'un.

Découvrir Wissembourg

☆ **À ne pas manquer** L'abbatiale Saint-Pierre-et-Saint-Paul à Wissembourg, Seebach, le Schoenenbourg, la maison rurale de l'Outre-Forêt à Kutzenhausen **Et si vous avez le temps...** Allez faire vos emplettes à la cave de Cleebourg, arpentez les sentiers de la Lauter, puis, de retour à Wissembourg, offrez-vous une pâtisserie chez Rébert et, au coucher du soleil, flânez sur le quai Anselmann et dans le faubourg de Bitche

☆ **Abbatiale Saint-Pierre-et-Saint-Paul (plan B1)** Ses dimensions en font la deuxième église gothique d'Alsace derrière la cathédrale de Strasbourg. Le clocher carré de style roman (1075) et la chapelle du cloître (vers 1060) sont les seuls éléments d'origine de l'abbatiale qui, en 1033, vint enrichir le monastère fondé quatre siècles plus tôt. Remaniée et agrandie aux XIIIe et XIVe siècles, l'église forme une imposante construction asymétrique. À la Révolution, les iconoclastes vandalisèrent l'édifice, qu'ils transformèrent en magasin à fourrage. Seules certaines de ses œuvres d'art en réchappèrent. Prodige de l'art roman, *Le Christ de Wissembourg*, le plus ancien vitrail figuratif connu de France (vers 1060), a été découvert à la fin du XIXe siècle dans le grenier de l'abbatiale. Il est aujourd'hui exposé au musée de l'Œuvre Notre-Dame à Strasbourg. Dans le transept sud, une immense fresque de la fin du XIVe siècle représentant saint Christophe, protecteur des voyageurs et martyr, attire le regard. Haute de 11,50m, elle passe pour la plus grande peinture de personnages de France. Dans ce même transept, une fresque du début du XIVe siècle figure le cycle de la Passion, tandis que la grande rose gothique sans médaillon (XIIIe s.), unique en Alsace, répond à la rose romane du bras nord (1190). Le chœur et la haute nef ont, eux aussi, conservé leurs verrières des XIIIe et XIVe siècles. L'architecte et deux de ses ouvriers apparaissent en bas relief, accroupis, sur les piliers occidentaux de la croisée du transept. Au nord de l'église, le cloître inachevé (XIVe-XVe s.), splendeur du gothique rhénan, communique avec la chapelle romane. *Tél. 03 88 94 16 31 Ouvert avr.-nov. : tlj. 9h-17h30 ; déc.-mars : tlj. 14h-17h (le matin sur rdv)*

Quai Anselmann (plan B1) La flèche de l'abbatiale dessine l'arrière-plan de ce vaste quai, agrémenté de bancs et de vieux réverbères. À son extrémité nord-ouest (côté remparts), remarquez l'une des plus vieilles demeures de Wissembourg (XIIIe s.). Un peu plus bas, la maison Vogelsberger (1540) doit son nom et son existence à un colonel que Charles Quint fit décapiter en 1548 parce qu'il avait approuvé, en sa présence, le sacre d'Henri II de France. Au n°6, l'auberge À l'ancienne couronne, installée dans une maison patricienne de 1491, fut rachetée à la fin du XVIIIe siècle par les Bartholdi. Elle accueille aujourd'hui une cave à vins. Au bout du quai (côté place de la République), la maison du Sel (1448), repérable à son surprenant toit incisé de longues ouvertures, abrita un hôpital, des abattoirs et, à partir de 1610, un grenier à sel. En face, l'ancienne grange dîmière de l'abbaye (XIVe s), remaniée au XVIIIe siècle, prête dorénavant son cadre à des expositions temporaires.

☺ **Balade des remparts et Faubourg de Bitche (plan A1)** L'enceinte érigée aux XIIe et XIIIe siècles autour de l'abbaye bénédictine fut largement remaniée et remblayée au XVIIIe siècle. Ses vestiges (près de 2km de murs) se découvrent au fil d'agréables sentiers plantés d'ormes et de frênes. Au bout de la rue Stanislas, surplombant la Lauter, un poste de garde du XIe siècle, le Schartenturm, a été intégré dans la muraille qui sépare le centre-ville (ancien monastère) du faubourg de Bitche (S' Bruch), à l'ouest. Fief médiéval des vignerons, ce dernier vit s'installer des familles patriciennes à partir du XVIe siècle. Son canal romantique, rythmé par des ponts fleuris et bordé de maisons anciennes, fait pendant à la Petite Venise intra-muros. Face au restaurant Le Caveau du Châtelet (65, faubourg de Bitche), une ancienne maison de tanneurs (1550) arbore un oriel ouvragé. Elle prit le nom de maison de l'Ami Fritz en 1933, après avoir prêté son décor Renaissance à une adaptation cinématographique du roman d'Erckmann-Chatrian. Aux nos 27 et 34, maisons des XVIIe et XVIe siècles. Au bout du quai se dresse le Husgenossen (tour des Monnayeurs, 1420), ou porte de Bitche, qui gardait l'entrée ouest de la ville.

Où faire une pause sucrée ?

Pâtisserie-confiserie-salon de thé Rébert (plan B2). Plusieurs fois récompensé pour ses chocolats et son millefeuille – "nature" ou "céleste" –, Rébert s'est fait une autre spécialité, le thé, à déguster indien, japonais, vietnamien, chinois, rouge, noir ou vert, dans l'une des salles élégantes. Aux beaux jours, la terrasse forme un exquis havre de verdure. Thé 2,40-3€. Salades et plats du jour 8€. *7, pl. du Marché-aux-Choux Tél. 03 88 94 01 66 Ouvert mar.-ven. 7h30-18h30, sam. 7h-18h, dim. 8h-18h*

Découvrir les environs

☆ **Seebach** Le village le plus étendu de l'Outre-Forêt est inscrit depuis 1968 à l'Inventaire des sites pittoresques. Mais plus que par ses vénérables corps de ferme, ses maisons à colombages et à auvents, aux balcons et jardinets débordants de géraniums, on est séduit par le spectaculaire alignement des façades et leur blancheur immaculée. Pour mieux sauvegarder ses traditions, Seebach s'est doté en 1966 d'un groupe folklorique chargé de pérenniser danses et costumes, et en 1982 d'une fête annuelle reconstituant un mariage paysan traditionnel. *À 9km au sud-est*

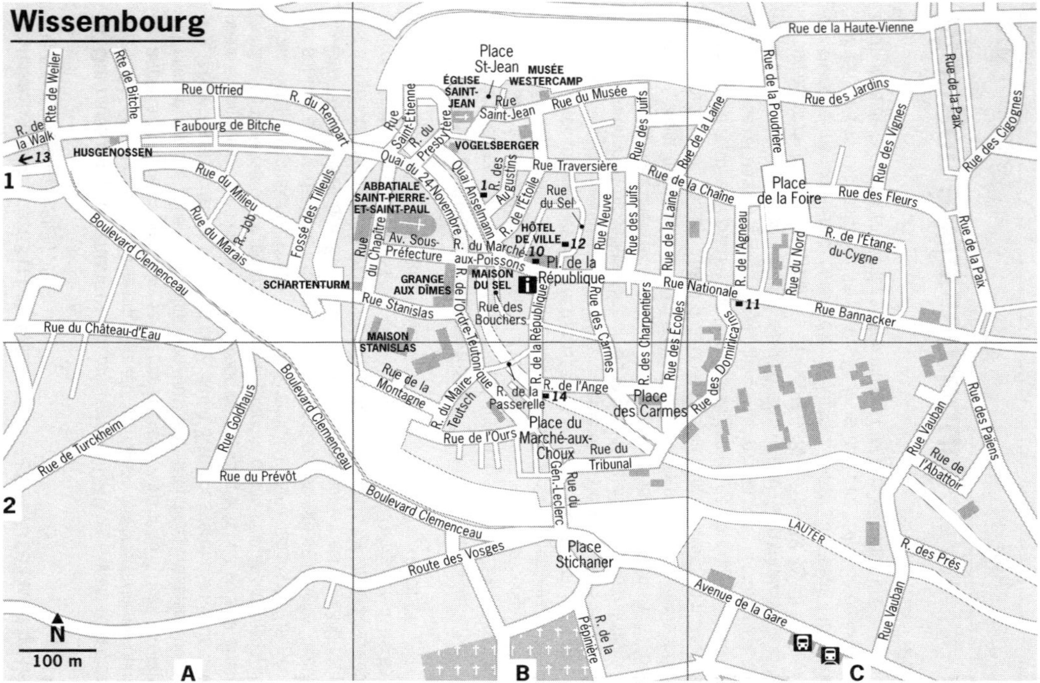

BOIRE UN VERRE

1 Les Vignes de la Couronne ____ B1

MANGER, DORMIR

10 Brasserie La Vignette B1

11 Au petit dominicain __ C1

12 Hostellerie du Cygne B1

13 Hôtel-restaurant Au moulin de la Walk ____ A1

14 Restaurant de l'Ange. B2

de Wissembourg par la D263 et la D34 **Mairie** *Tél. 03 88 94 74 06 Ouvert lun.-ven. 10h-12h, lun. et mer. 18h30-20h30*

☆ **Ouvrage de Schoenenbourg** Lorsqu'en mai 1940 les tourelles des blocs de combat du fort de Schoenenbourg engagent le feu face aux tirs d'artillerie lourde de l'armée allemande, la riposte ne se fait pas attendre. À partir du 20 juin, l'ouvrage est pilonné sans relâche, mais tient bon. Jusqu'à l'armistice, il essuie quelque 3 000 bombes et obus. Un parcours de 2,5km à 30m sous terre permet de comprendre son fonctionnement et de découvrir ses équipements, du secteur arrière (cuisine, centrale électrique, centrale de filtrage de l'air, casernements, infirmerie) jusqu'aux blocs de combat (poste de commandement, tourelle à canons de 75), séparés par une galerie de 1km. Il s'agit du plus important ouvrage de la ligne Maginot ouvert au public en Alsace. Été comme hiver, la température y est de 13°C : pensez à vous couvrir ! *À 11km au sud de Wissembourg par la D264 Ouvert avr.-sept. et Toussaint : lun.-sam. 14h-16h, dim. 9h30-11h et 14h-16h ; oct.-mars sauf Toussaint : sam.-dim. uniquement Durée de la visite 2h Tarif 6€, réduit 4€*

☆ **Maison rurale de l'Outre-Forêt** Ce musée campé au cœur de Kutzenhausen vous fera partager la vie d'une famille paysanne de l'Outre-Forêt des années 1920 à 1950, période d'importantes mutations rurales. Il occupe une ferme du XVIIIe siècle, comprenant la maison d'habitation, des dépendances agricoles et un potager, et reconstitue des ateliers d'artisans. On y apprend comment le blé devait être battu, dépiqué, vanné, et le lait être écrémé et pasteurisé, quels étaient les outils du cordonnier, du sellier-tapissier, du forgeron, du vigneron, du menuisier et du sabotier. On visite une maison typique de l'Alsace du Nord, son fumoir, sa "belle chambre", avant de découvrir la complexité des méthodes et matériaux entrant dans sa construction. On passe au hasard de la visite devant une charrette à plateau, un concasseur à grain, différents instruments de distillation et de labourage… Restituant avec justesse l'atmosphère "début de siècle" de l'Outre-Forêt rural, le musée accueille aussi des expositions temporaires. *1, pl. de l'Église 67250* **Kutzenhausen** *(à 20km au sud-ouest de Wissembourg par la D264 et la D28) Tél. 03 88 80 53 00 Ouvert oct.-mars (fermé jan.-mi-fév.) : mer., dim. et j. fér. 14h-18h ; avr.-sept. : mar.-ven. 10h-12h et 14h-18h, dim. et j. fér. 14h-18h (ainsi que sam. 14h-18h en juil.-août) Fermeture de la caisse 1h avant celle du musée Tarif 4,50€, réduit 4€*

Manger à Wissembourg

prix moyens

☺ **Au petit dominicain (plan C1 n°11).** Des photos, dédicaces et lithographies d'artistes alsaciens, mais pas de babioles douteuses, peu de fleurs et des couleurs chaudes évocatrices de la Méditerranée – au pays de la *winstub*, ce détail suffit à dépayser ! La carte, présentée avec le sourire, reste fidèle à la région : escalope de foie d'oie poêlée aux pommes, *presskopf* de queue de bœuf et salade de lentilles vertes, sandre aux pâtes fraîches, escargots… Une bien agréable surprise ! Prévoyez 25-30€ à la carte, menus 20-25€. *36, rue Nationale Tél. 03 88 94 90 87 Ouvert mer.-dim. 12h-14h et 19h-21h30 Fermé 2 sem. en fév. et 2 sem. en août*

Colmar et le nord du Haut-Rhin

Cette sélection ne comprend pas les adresses d'hébergement. Celles-ci figurent dans la version intégrale du **GEOGuide Alsace**, disponible en librairie.

GEOMEMO

Ville principale	Colmar (65 136 hab.)
Informations touristiques	Office de tourisme de Colmar Tél. 03 89 20 68 92 www.ot-colmar.fr
Marchés de Noël	Colmar, Ribeauvillé, Kaysersberg
Espace protégé	Parc naturel régional des Ballons des Vosges
Point culminant	Grand Ballon (1 424m)
Principales randonnées	Les "Perles du vignoble", les trois châteaux de Ribeauvillé, le Grand Ballon, le sentier des Roches, la vallée de la Wormsa, le circuit des Quatre Lacs
Domaines skiables	Ballon-d'Alsace, Markstein-Grand-Ballon, Schnepfenried, Gaschney, Tanet, Trois-Fours, Lac-Blanc
Spécialités culinaires	Fromages fermiers de la vallée de Munster : munster, *barikass*, *siesskass*

GEOREGION

LE NORD DU HAUT-RHIN

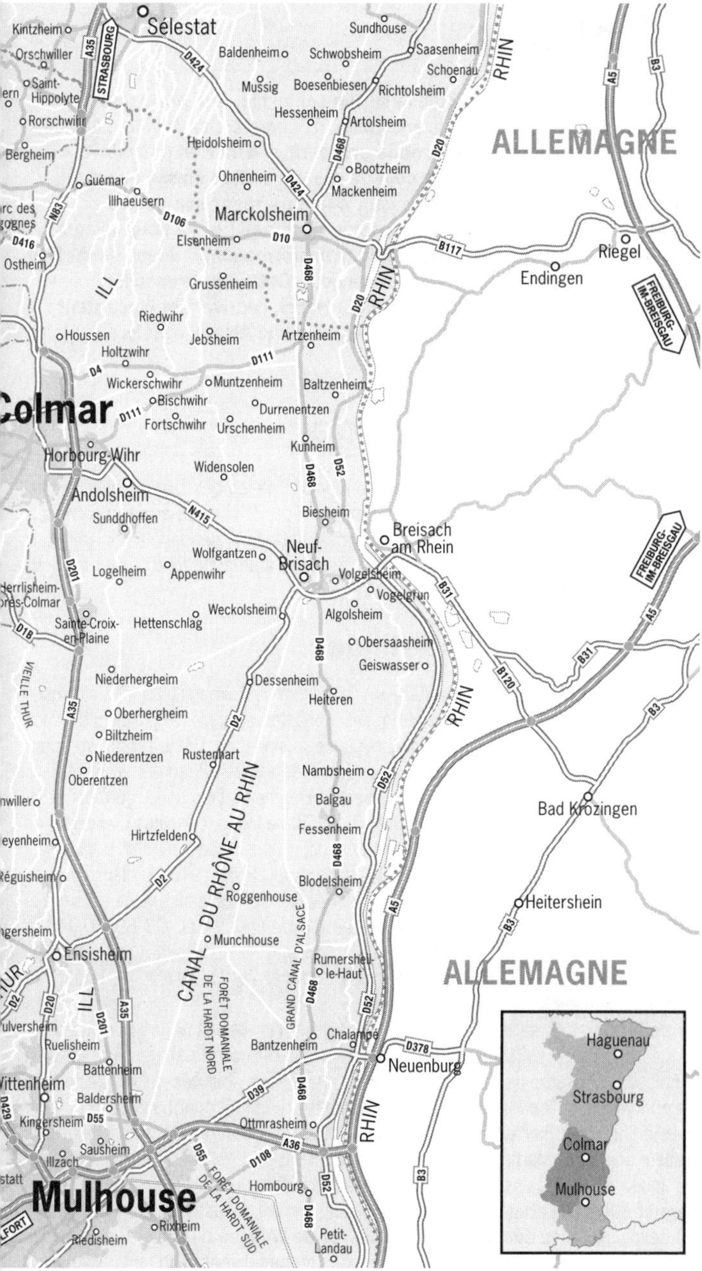
Sélestat
Kintzheim
Orschwiller
Saint-Hippolyte
Rorschwihr
Bergheim
Guémar
Illhaeusern
Ostheim
Houssen
Colmar
Holtzwihr
Wickerschwihr
Bischwihr
Fortschwihr
Horbourg-Wihr
Andolsheim
Sundhoffen
Logelheim
Appenwihr
Wolfgantzen
Neuf-Brisach
Sainte-Croix-en-Plaine
Hettenschlag
Weckolsheim
Niederhergheim
Oberhergheim
Biltzheim
Niederentzen
Oberentzen
Rustenhart
Hirtzfelden
Roggenhouse
Munchhouse
Ensisheim
Ruelisheim
Battenheim
Baldersheim
Kingersheim
Sausheim
Illzach
Mulhouse
Rixheim
Riedisheim
Baldenheim
Mussig
Schwobsheim
Boesenbiesen
Sundhouse
Saasenheim
Schoenau
Richtolsheim
Hessenheim
Artolsheim
Heidolsheim
Ohnenheim
Bootzheim
Mackenheim
Marckolsheim
Elsenheim
Grussenheim
Riedwihr
Jebsheim
Artzenheim
Muntzenheim
Baltzenheim
Durrenentzen
Urschenheim
Kunheim
Widensolen
Biesheim
Volgelsheim
Vogelgrun
Algolsheim
Obersaasheim
Geiswasser
Dessenheim
Heiteren
Nambsheim
Balgau
Fessenheim
Blodelsheim
Rumersheim-le-Haut
Chalampé
Bantzenheim
Ottmarsheim
Hombourg
Petit-Landau
Breisach am Rhein
Neuenburg
Riegel
Endingen
Bad Krozingen
Heitersheim
ALLEMAGNE
ALLEMAGNE
RHIN
ILL
VIEILLE THUR
CANAL DU RHÔNE AU RHIN
GRAND CANAL D'ALSACE
FORÊT DOMANIALE DE LA HARDT NORD
FORÊT DOMANIALE DE LA HARDT SUD
STRASBOURG
FREIBURG-IM-BREISGAU
FREIBURG-IM-BREISGAU
A35
A5
A36
B3
B31
B117
B120
D424
D468
D20
D10
D106
D416
N83
D4
D111
N415
D201
D1B
D2
D52
D39
D55
D108
D378
Haguenau
Strasbourg
Colmar
Mulhouse

☆ Colmar

68000

Une cité bénie des dieux ! Établie sur un sol fertile, aux portes du vignoble et au carrefour de grands axes d'échanges, la 3e ville d'Alsace a très tôt bénéficié d'une économie prospère et d'un réel pouvoir d'attraction culturel. À chaque coin de rue, un édifice classé évoque cette longue et riche histoire. Le jour, il faut partager son centre médiéval et Renaissance avec une foule de curieux et de bons vivants en quête d'un restaurant. Mais la nuit, transformé en un décor de théâtre silencieux, le Vieux Colmar vous appartient. Cette ville tranquille et plutôt cossue est aussi le berceau de Hansi, l'écrivain et illustrateur Jean-Jacques Waltz (1873-1951), chantre d'une Alsace tricolore dont les satires font encore rire.

☺ Découvrir Colmar

☆ **À ne pas manquer** Le musée d'Unterlinden, l'église des Dominicains, la maison des Têtes, la rue des Marchands, la Petite Venise **Et si vous avez le temps...** Faites une pause-dégustation sous les arcades du Koïfhus pendant la mini-foire aux vins, une balade à pied ou à vélo en forêt, assistez à un concert d'orgues à la collégiale, profitez de la patinoire

☆ Le musée d'Unterlinden

Le couvent de dominicaines fondé au XIIIe siècle au nord de Colmar, au lieu-dit Unterlinden ("Sous les tilleuls", plan B1-B2), devint l'un des monastères les plus importants d'Alsace et, aux XVe et XVIe siècles, un pilier de la mystique rhénane. En 1849, l'archiviste municipal Louis Hugot sauva le complexe, abandonné depuis 1792, en entreposant dans sa chapelle une mosaïque romaine découverte à Bergheim. Le musée, géré par la société Schongauer qu'il avait fondée, ouvrit en 1853. Le fonds, constitué de sculptures et de prestigieuses peintures de primitifs rhénans, n'a cessé de s'enrichir, notamment grâce aux fouilles archéologiques effectuées dans le Haut-Rhin et à l'acquisition d'œuvres d'art du XXe siècle. C'est aujourd'hui le musée des Beaux-Arts le plus visité d'Alsace et l'un des plus fréquentés de France. *1, rue d'Unterlinden Tél. 03 89 20 15 58 www.musee-unterlinden.com Ouvert mai-oct. : tlj. 9h-18h ; nov.-avr. : lun., mer.-dim. 9h-12h et 14h-17h (fermé 1er jan., 1er mai, 1er nov. et 25 déc.) Tarif 7€, réduit 6€, gratuit moins de 12 ans*

La collection Les salles du rdc, qui donnent sur l'un des plus beaux cloîtres gothiques de France (1289), présentent l'**art sacré rhénan** du Moyen Âge et de la Renaissance. Statues en bois polychrome, chapiteaux sculptés du XIIe siècle, une exceptionnelle collection de peintures de primitifs rhénans, dont *La Crucifixion* attribuée à Hans Stocker (vers 1420) et de nombreuses œuvres du grand peintre et graveur colmarien Martin Schongauer (vers 1450-1491). Également des tableaux germaniques de la Renaissance, dont un *Portrait de femme* de Hans Holbein l'Ancien (vers 1510) et une allégorie de la Mélancolie de Lucas Cranach l'Ancien. Le 1er étage est dévolu aux **arts décoratifs et populaires de l'Alsace** du XVIe au XIXe siècle. On peut y admirer, notamment, de belles faïences et porcelaines (Hannong, Niderviller,

Lunéville, etc.), des étains, les bijoux et les gobelets ciselés du Trésor des Trois-Épis, magnifiques pièces d'orfèvrerie Renaissance, et pour finir, des jouets miniatures des XVIIIe et XIXe siècles. La **section archéologique**, installée au sous-sol, retrace l'histoire de la région du néolithique aux derniers Mérovingiens à l'aide de vaisselle et d'objets précieux retrouvés sur les sites d'Appenwihr, de Horbourg, de Herrlisheim, et de la mosaïque de Bergheim (à l'origine du musée) en partie restaurée. Également au sous-sol, la section d'**art moderne** présente, par roulement, des toiles emblématiques de certains des mouvements qui se sont succédé depuis les impressionnistes en privilégiant l'abstraction des années 1950-1960. Mais c'est dans la chapelle du rdc qu'est exposé le joyau de la collection : le **retable d'Issenheim**, dont on attribue les sculptures sur bois à Nicolas de Haguenau (vers 1500) et les peintures à Matthias Grünewald (1512-1516). Ce chef-d'œuvre du gothique tardif fut exécuté pour la commanderie des Antonins d'Issenheim, qui accueillait les pèlerins atteints du mal des ardents, ou "feu Saint-Antoine" (une intoxication par l'ergot de seigle). Les malades priaient devant le polyptyque, posé sur le maître-autel de la chapelle, dans l'attente d'une guérison miraculeuse. Les deux panneaux fixes et les deux séries de volets composent trois cycles exceptionnels. La première ouverture du retable présente *L'Incarnation du Fils de Dieu* : *L'Annonciation*, *Le Concert des Anges* et *la Nativité*, et enfin une éblouissante *Résurrection*. La 2e ouverture illustre deux épisodes majeurs de la vie de saint Antoine : la visite à saint Paul l'ermite et la tentation. Fermé, le retable donne à voir une *Crucifixion*, intense incarnation de la douleur dans laquelle les plaies du Christ sont à vif, comme dans l'ergotisme gangreneux.

De la place des Dominicains à la rue Vauban

☆ **Église des Dominicains (plan B2)** Elle écrase tout simplement la place qui porte son nom. Bâtie de 1283 à 1346, elle dépendait du couvent d'où partit, en 1389, la réforme générale de l'ordre des Dominicains. Transformée en halle au blé après la Révolution, rendue au culte en 1898, elle a été entièrement restaurée de 1981 à 1993. L'intérieur reflète le vœu d'humilité des ordres mendiants. De frêles colonnes sans chapiteau délimitent sa nef à six travées. Le chœur possède des verrières du XIVe siècle et des stalles du XVIIIe provenant des abbayes disparues de Pairis et de Marbach. Il abrite surtout *le* chef-d'œuvre de Martin Schongauer, *La Vierge au buisson de roses* (1473) : une madone mélancolique trônant dans une roseraie peuplée de pinsons, de rouges-gorges et de mésanges. La délicatesse et la minutie d'exécution de ce panneau font l'admiration de visiteurs du monde entier. *Place des Dominicains Tél. 03 89 24 46 57 Ouvert de mi-mars à déc. : tlj. 10h-13h et 15h-18h Tarif 1,50€, réduit 0,50€, gratuit moins de 12 ans*

☆ **Maison des Têtes (plan B2)** Un merveilleux témoignage de la prospérité colmarienne au XVIIe siècle. Au moins 105 masques farceurs courent sur la façade de cette demeure élevée en 1609 par Albrecht Schmidt pour un négociant et sur son oriel de trois étages, coiffé d'un pignon à volutes. Un *Tonnelier alsacien* sculpté par Bartholdi (1902) ricane tout en haut. *19, rue des Têtes*

☺ **Musée du Jouet (plan C2)** Ses vitrines s'animent toutes seules ou à la commande : singe jouant du tam-tam, guignol, grande roue, carrosse de Cendrillon, funambule infatigable… À l'étage, une infinité de poupons et de poupées anciennes, tandis que sur un circuit de 800m, un train à vapeur siffle sous des lumières changeantes,

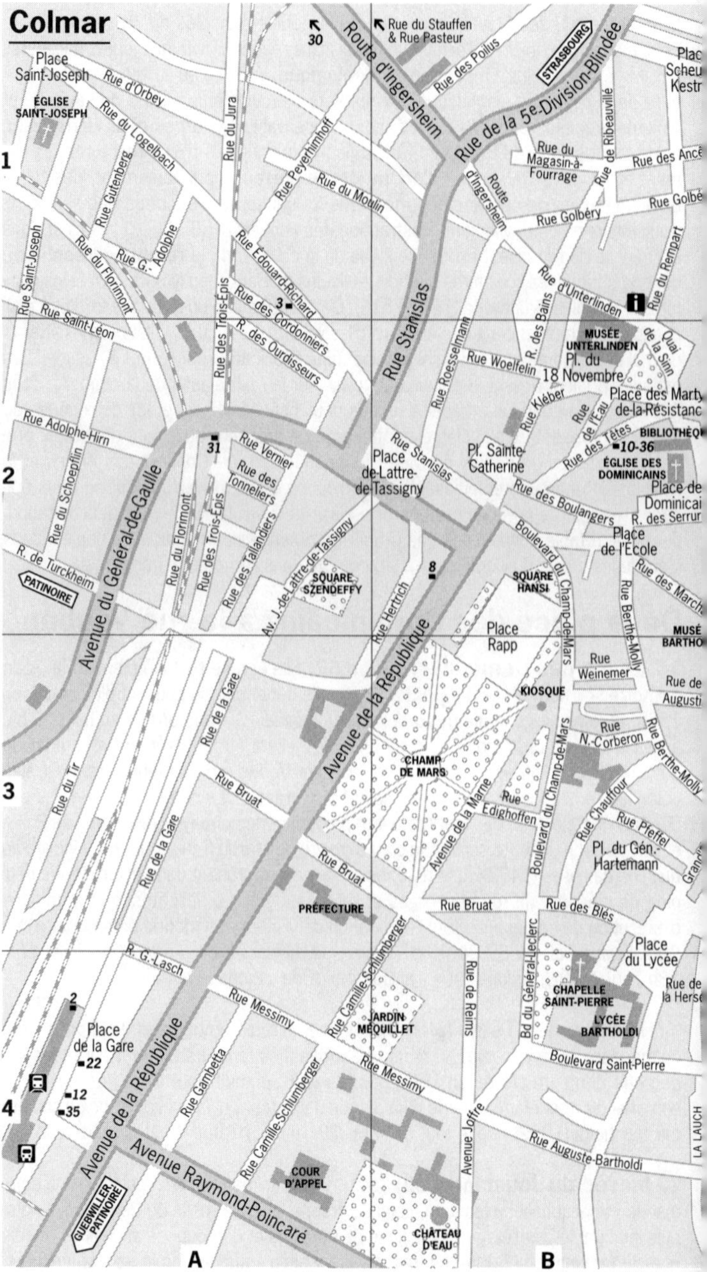

LE NORD DU HAUT-RHIN GEOREGION

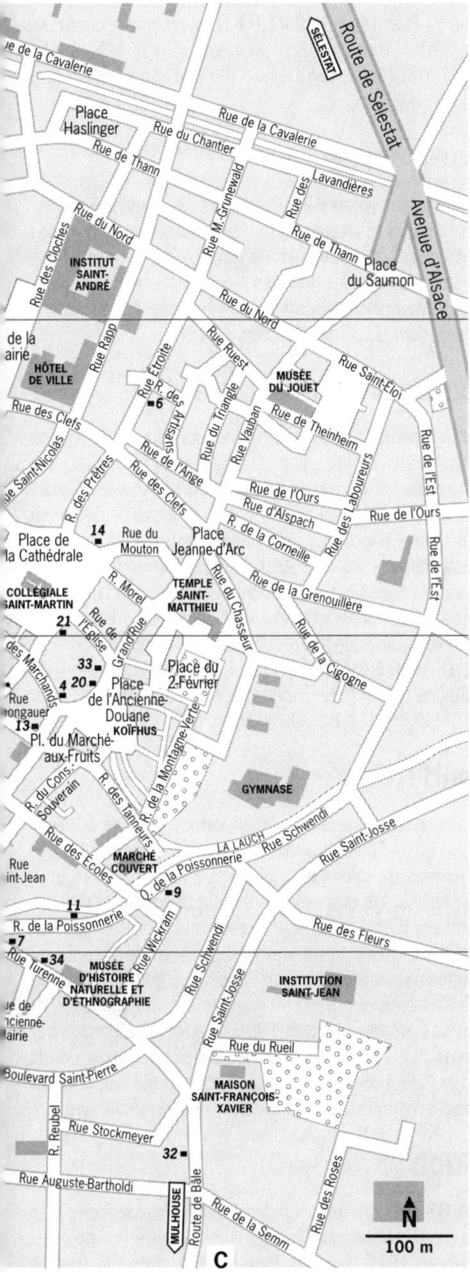

MANGER

- ***1*** Salon de thé Clergue ___ C2
- ***2*** Le Buffet de la Gare ___ A4
- ***3*** Le Cygne ___ A1
- ***4*** Hansi ___ C3
- ***5*** Caveau Saint-Pierre ___ B4
- ***6*** Au petit Noack ___ C2
- ***7*** Winstub Brenner ___ C3
- ***8*** Meistermann ___ B2
- ***9*** Aux trois poissons ___ C3
- ***10*** La Maison des Têtes ___ B2
- ***11*** J.-Y.'S ___ C3
- ***12*** Le Rendez-vous de chasse ___ A4
- ***13*** Au fer rouge ___ C3
- ***14*** Plancha Bar ___ C2

SORTIR

- ***20*** J.J. Murphy's ___ C3
- ***21*** Le Bourguidoul ___ C2
- ***22*** La Fiesta ___ A4

DORMIR

- ***30*** Auberge de jeunesse Mittelharth ___ A1
- ***31*** Hôtel Colbert ___ A2
- ***32*** Hôtel Turenne ___ C4
- ***33*** Hôtel Saint-Martin ___ C3
- ***34*** Le Colombier ___ C4
- ***35*** Grand Hôtel Bristol ___ A4
- ***36*** Hôtel Les Têtes ___ B2

de l'aube à la nuit noire. *40, rue Vauban Tél. 03 89 41 93 10 www.museejouet.com Ouvert oct.-juin : lun., mer.-dim. 10h-12h et 14h-18h ; juil.-août : tlj. 10h-19h ; sept. : tlj. 10h-12h et 14h-18h ; déc. : tlj. 10h-18h Fermé 1er jan., 1er mai, 1er nov. et 25 déc. Tarif 4€, réduit 3€, gratuit moins de 8 ans*

Où faire une pause sucrée ?

Salon de thé-pâtisserie Helmstetter (plan B2). Cette maison centenaire confectionne, dit-on, le meilleur kouglof de la ville. Excellents bretzels, pains spéciaux et des pâtisseries intrigantes, tels les images à croquer et les gâteaux de voyage "Oncle Hansi" à la frangipane et aux pruneaux. *11-13, rue des Serruriers Ouvert lun.-sam. 8h-18h15 Tél. 03 89 41 27 78* **Autre adresse** *Boulangerie-pâtisserie 4, rue Turenne (plan C4) Ouvert lun. 9h-18h, mar.-sam. 7h30-18h30, dim. 9h-15h*

Autour de la place de la Cathédrale

☆ **Collégiale Saint-Martin (plan C2)** Le chantier débuta vers 1234, quand la basilique romane érigée sur les ruines d'une église du XIe siècle fut élevée au rang de collégiale. Son premier maître d'œuvre, un certain Humbret, aurait travaillé au chantier de la cathédrale de Strasbourg. Saint-Martin lui doit une grande partie de sa nef et de son transept (vers 1260) ainsi que le décor de son portail sud : la légende de saint Nicolas sous *Le Jugement dernier*. Vers 1360, l'abside primitive fit place au chœur gothique à déambulatoire et chapelles rayonnantes. L'édifice accéda au rang de cathédrale à la Révolution, quand le Haut-Rhin devint un diocèse. Éblouissante de hauteur, la nef prête sa remarquable acoustique aux résonances d'un orgue de 48 jeux, dont les buffets sont signés Jean André Silbermann (1755). On y remarque aussi de belles statues polychromes, dont une *Vierge à l'Enfant* du XVe siècle et un *Christ en croix* du XIVe. *Place de la Cathédrale Tél. 03 89 41 27 20 Ouvert tlj. 8h15-18h45*

Le long de la Grand'Rue

Koïfhus (plan C3) Cette "maison de commerce" fut longtemps le siège administratif et économique de Colmar. Le rez-de-chaussée du bâtiment principal (1480) abritait des entrepôts et les bureaux de la douane, tandis que le stettmestre (premier magistrat urbain) et les échevins, les représentants de la Décapole et le tribunal siégeaient à l'étage. Le bâtiment secondaire reçut à la Renaissance son escalier à pans coupés. Ses arcades et sa plaisante galerie de bois sont des ajouts du XIXe siècle. C'est en face que naquit, en avril 1771, Jean Rapp, futur général et comte d'Empire. Le Koïfhus accueille de nos jours diverses manifestations culturelles, et parfois de petits concerts sous ses arcades. Depuis 1898, une fontaine conçue par Bartholdi à la gloire de Lazare de Schwendi (1522-1583) se dresse au milieu de la place. La légende lui prêtant l'introduction du cépage de tokay en Alsace, le diplomate est représenté brandissant un cep de vigne. *Place de l'Ancienne-Douane*

Au bord de la Lauch

☆ **Petite Venise (plan C3-B3-B4)** Sur les rives de la Lauch s'alignent des maisons d'artisans de la Renaissance, qui doivent un peu de leur coquetterie à des restaurations menées dans les années 1970 et 1980. **Rue des Tanneurs** et **rue de**

la Montagne-Verte (plan C3), de vénérables maisons en pans de bois aux très hauts greniers (où séchaient les peaux) signalent l'ancien quartier des tanneurs. Ces deux rues se croisent devant le marché couvert, halle en brique (1865) posée sur l'eau : jadis, les arrivages maraîchers s'y faisaient en barque. La fontaine, à l'angle occidental du bâtiment, reçut en 1869 la statue du *Petit Vigneron* de Bartholdi. Sur l'autre rive de la Lauch court le **quai de la Poissonnerie** (plan C3), où les pêcheurs dressaient autrefois leurs étals. Le quai fut ravagé par un incendie en 1706, et certaines de ses maisons ont été relevées avec des matériaux de réemploi. Cette ravissante promenade pavée débouche sur la **rue Turenne** (plan C3-C4), grand axe de la **Krutenau**. Ancien quartier des maraîchers, ce faubourg paisible, qui s'étend de part et d'autre de la route de Bâle, ressemble à un village campagnard, et ses rues portent des noms évocateurs : Wolflochweg (chemin du Trou-du-Loup), Kochloefleweg (chemin de la Cuillère-en-Bois).

S'initier au free-style sur glace

Patinoire de Colmar (plan A2) Installée dans le complexe sportif du parc de l'Europe, elle propose des séances d'initiation au hip-hop, ou free-style, sur glace uniques en France ! Équipement audiovisuel ultramoderne. Location de patins pour une séance de 2h30 à 3h. *15, rue Robert-Schuman Tél. 03 89 80 09 05 www.patinoirecolmar.com Ouvert mar., jeu. 12h-14h et 20h30-23h (vac. scol. 12h-17h et 20h30-23h) ; mer. 14h-17h ; ven. 20h30-23h ; sam. 14h-17h et 20h30-23h ; dim. 9h30-11h30 et 14h30-17h30 Free-style : mer., sam. 14h-17h Tarif 4,20€, réduit 3,50€ Visiteur non patineur 1€, gratuit moins de 4 ans*

Découvrir les environs

☆ **Neuf-Brisach** Cette citadelle est considérée comme le chef-d'œuvre de Vauban (1633-1707). Contraint, par le traité de Ryswick (1697), de rendre à l'Allemagne la ville de Vieux-Brisach, française depuis 1663, Louis XIV décida de fortifier la nouvelle frontière. Vauban conçut alors les plans d'une forteresse "imprenable" : une double enceinte imbriquée dessinant une étoile à 16 branches, rythmée par des bastions ; à l'abri de ces murs hauts de 5m, une cité octogonale découpée en 48 lots carrés distribués autour d'une gigantesque place d'armes. De nos jours, l'octogone renferme surtout des constructions récentes (les guerres de 1870 et 1945 ayant détruit les anciennes), mais l'enceinte et ses bastions ont tenu bon. Partant d'une fontaine décorative – une citerne du XVIIIe siècle reconstruite –, on fait le tour de la ville close, de ses fossés, de ses échauguettes et de ses portes ouvragées. Celle de Belfort abrite le musée Vauban (maquette sonorisée de Neuf-Brisach, plans et documents sur son système défensif). Sur la place d'armes s'élèvent l'élégant palais des Gouverneurs (bureau de l'office de tourisme) et l'église royale Saint-Louis. *À 16km au sud-est de Colmar par la N415* ***Office de tourisme*** *6, pl. d'Armes Tél. 03 89 72 56 66 Ouvert mi-sept.-mi-juin : lun.-ven. 9h-12h et 14h-18h, sam. 9h-12h ; mi-juin-mi-sept. : lun.-sam. 9h30-12h et 14h-18h, dim. 9h-12h* ***Musée Vauban*** *Ouvert mai-oct. lun., mer.-dim. 10h-12h et 14h-17h Tarif 2,50€, réduit 1,65€, gratuit moins de 10 ans* ***Église Saint-Louis*** *Ouverte tlj. 9h-17h30 (8h-18h en juil.-août)*

Manger à Colmar

prix moyens

☺ **Caveau Saint-Pierre (plan B4 n°5).** Cette cave se cache au fond d'une ruelle, au bord de la Lauch. Dehors, les cygnes frôlent les murs et la terrasse sur l'eau. À l'intérieur, sous les plafonds bas, le vin et les petits plats enchantent : *baeckeoffe* de la mer (rouget, cabillaud et moules), jambon de canard, saumon cru à l'aneth, mousse au chocolat maison. 20€. *24, rue de la Herse Tél. 03 89 41 99 33 Ouvert mar.-jeu. et sam. 12h-14h et 19h-21h30, ven. 19h-21h30, dim. 12h-14h*

prix élevés

J.-Y.'S (plan C3 n°11). Derrière une façade en trompe l'œil, Jean-Yves Schillinger, fort d'une expérience aux États-Unis, a opté pour un décor épuré et une audacieuse cuisine du monde : thon mariné au wasabi et au gingembre, foie gras en millefeuille au beurre de cacao, effilochés de saint-pierre et bouillon de poule parfumé au chilli. 45€. *17, rue de la Poissonnerie Tél. 03 89 21 53 60 www.jean-yves-schillinger.com Ouvert lun. 19h-22h30, mar.-sam. 12h-14h30 et 19h-22h30*

☺ **Le Rendez-vous de chasse (plan A4 n°12).** En automne, les chasseurs descendus du train prennent part à des agapes devant la cheminée, dans une salle aux tons chauds et aux chaises hautes. Depuis 2003, c'est la jeune Allemande Michaela Peters qui les régale, la seule femme chef étoilée de la région ! La qualité prime sur l'inventivité, ce qui donne la meilleure des cuisines classiques : faisan cuit en cocotte, omble chevalier aux légumes nouveaux, gibier fondant aux baies sauvages, fromages et desserts 100% de saison. La carte des vins fait le tour des vignobles alsaciens. La petite auberge-bar attenante sert des en-cas et plats chauds tout aussi soignés. Restaurant 60€ (menu déj. à 29€), auberge 15€. *7, pl. de la Gare Tél. 03 89 41 10 10 Restaurant ouvert tlj. 12h-14h et 19h-22h ; auberge tlj. 12h-22h30*

prix très élevés

Au fer rouge (plan C3 n°13). Une institution au mieux de sa forme, dans une maison du XVIe siècle. Le troisième d'une lignée de cuisiniers, le chef Patrick Fulgraff a fait ses classes chez les plus grands (Jacques Pic à Valence, Claude Peyrot à Paris et Paul Bocuse à Collonges). Aussi sait-il renouveler la tradition alsacienne en respectant les saisons et en utilisant des produits du jardin. L'été, des herbes aromatiques relèvent les jus. Et selon les mois, la truffe, le coquillage, l'agneau de lait, les courgettes-fleurs, les fruits rouges ou le canard sauvage s'affichent à la carte : huîtres fourrées aux poireaux et sauce à la crème échalotée, terrine de foie gras de canard et gelée de légumes, compotée d'abricots mousse légère au mascarpone. Menus à partir de 50€, carte 80€. *52, Grand'Rue Tél. 03 89 41 37 24 www.au-fer-rouge.com Ouvert mar.-sam. 12h-13h45 et 19h15-21h45, dim. 12h-13h45*

Sortir à Colmar

Où boire une bière ?

J.J. Murphy's (plan C3 n°20). Les violons celtiques et la cornemuse font vibrer ce petit pub revigorant et vite bondé. Ici, pas de tables encombrantes : c'est au comptoir, adossé au mur ou assis sur un tabouret, que l'on déguste sa pinte en marquant le rythme. Bières à la pression, dont une blonde légère dite "tournante". *48, Grand'Rue Tél. 03 89 29 06 66 Ouvert tlj. 11h30-1h30*

☆ ☺ Riquewihr

68340

La "star" des villages alsaciens offre le décor de carte postale que recherchent tous les touristes : de superbes maisons à pans de bois, des ruelles pavées, des portes cochères blasonnées, une enceinte médiévale gardée par une tour à encorbellement. Le tout au milieu de vignes qui produisent un excellent riesling et deux grands crus réputés : le sporen et le schoenenbourg. Un décor trop léché pour être vrai ? Ne boudons pas notre plaisir : malgré l'afflux touristique, le charme de Riquewihr opère. Il suffit de s'écarter de la rue principale pour découvrir un village préservé depuis le Moyen Âge. Ici et là, des oriels en grès rose fleurissent sur les façades, des porches millésimés gardent des cours secrètes, des voies pavées disparaissent en de mystérieux culs-de-sac. Riquewihr, si petite soit-elle, reste à découvrir ! L'idéal est de s'y balader tôt le matin ou d'attendre le départ des cars de touristes. Après 18h, Riquewihr vous appartiendra. Le village bénéficie aussi de sa situation sur le plus important sentier viticole intercommunal d'Alsace, "les Perles du vignoble".

Découvrir Riquewihr

☆ **À ne pas manquer** Les maisons de la rue du Général-de-Gaulle, le sentier viticole **Et si vous avez le temps...** Attendez le soir pour flâner, enfin seul, tranquillement dans les rues du vieux Riquewihr

☆ **Maisons de la rue du Général-de-Gaulle (plan B1-B2)** Les visiteurs pressés peuvent se contenter de monter ou de descendre la rue du Général-de-Gaulle pour admirer les plus belles façades de Riquewihr. Partons de l'hôtel de ville. Au n°14 s'élève l'une des plus hautes maisons à colombages d'Alsace : elle compte cinq étages en encorbellement, ce qui lui a valu le surnom de "gratte-ciel de Riquewihr". Admirez l'oriel d'angle de la maison Irion (1514), au n°13. Au n°17, entrez dans la cour des Cigognes, celle des anciennes écuries des seigneurs de Riquewihr (actuellement restaurant-cabaret L'Écurie). On y voit une galerie aux magnifiques colonnes torsadées et un puits de 1603. Juste en face, la *winstub* Au cep de vigne possède un bel oriel. Rue des Trois-Églises, remarquez le bretzel sculpté au-dessus de la porte du n°4 : c'était, au XVIIe siècle, la maison du boulanger Ottmann Haenslin. De retour dans la rue principale, marquez un arrêt devant la maison À l'ours noir (n°27), de 1545. Son poteau d'angle présente un curieux putto (bébé nu) du XVIIe siècle dans la posture du *Manneken-Pis*... Les colombages ouvragés du n°42 sont ceux de l'ancienne Auberge de l'Étoile. La cour du n°44 renferme une belle tourelle d'escalier en grès rose (1613) et son porche présente un remarquable décor Renaissance.

☺ **Circuit historique** Un dépliant vendu à l'office de tourisme propose un circuit de 1h à 1h30 pour découvrir les plus belles demeures du village. La plupart ont été édifiées entre 1530 et 1630 par de riches producteurs et négociants en vins. Départ place Voltaire, devant l'hôtel de ville. Première halte devant le n°3 de la **rue des Écuries-Seigneuriales** (plan B2) pour admirer l'oriel à deux étages de cette maison de 1577, transformée en hôtel. Remontez la rue du Général-de-Gaulle jusqu'à la **rue des Cordiers** (plan B1). Des personnages grotesques et des guirlandes de fruits ornent la façade du n°7, demeure bâtie par Hans Ulrich Hugel, un notable du XVIIe siècle. Il semble que Riquewihr était, au Moyen Âge, l'unique village du comté de Horbourg où les juifs eussent droit de cité. En 1416, ils furent chassés de leur ghetto, situé au n°14 de la **rue des Juifs** (plan B1), et 28 retardataires furent massacrés. Les 16 principaux coupables furent arrêtés et décapités par le comte de Ribeaupierre. Au fond de la rue se dresse la tour des Voleurs, d'aussi sinistre mémoire. Traversez la rue du-Général-de-Gaulle pour rejoindre la **rue du Cerf** (plan B1) : au-dessus du portail du n°2, la maison de l'administrateur de l'hôpital, vous pourrez admirer des bas-reliefs et un cartouche au motif de danse macabre (1574). Descendez la **rue Latérale** : au n°10-12, la cour Jacques-Baltz présente des balustres en bois et un oriel en pierre (1572). Faites un crochet par la **rue du Cheval** (plan A1-B1) – au n°5 se cachent une cour pavée du XVIe siècle et ses trésors : une tourelle, un puits en grès et un balustre orné d'épis de maïs. Revenez sur vos pas. Au n°6, rue Latérale, impossible de manquer la maison du marchand Tobie Berger avec son oriel en pierre soutenu par une console en forme de pyramide renversée (1551). Dans la cour, belle porte Renaissance encadrée de colonnes ioniques et au linteau orné de trois bustes féminins. Remontez, à droite, la **rue de la Première-Armée** (plan A1-B1) jusqu'à la cour des Évêques de Strasbourg (XIVe-XVIe s.), parfaitement restaurée avec son vieux puits et son oriel en grès rose. Plus bas, au n°18 de la **rue de la Couronne**, la maison du fermier royal Félix Haussmann se signale par son oriel dont les poteaux d'angle sculptés représentent des personnages et des guirlandes de fleurs. Au n°6, la **maison Dissler** offre l'un des plus beaux oriels Renaissance de Riquewihr (1610) et une élégante façade au pignon à volutes.

☆ Sentier viticole "les Perles du vignoble"

Ce circuit, l'un des plus prisés d'Alsace, relie six communes de la Route des vins : Beblenheim, Benwihr, Hunawihr, Mittelwihr, Riquewihr et Zellenberg. Comptez 4h30 pour parcourir ses 15km. On peut rejoindre et quitter le sentier n'importe où, et se contenter des boucles communales tracées autour de chaque village. L'un des plus beaux tronçons, joliment vallonné, relie Riquewihr à Hunawihr et Zellenberg. Attention, l'accès au vignoble est théoriquement fermé un mois avant et après les vendanges. De juil. à mi-sept., du lundi au vendredi, visite guidée d'une commune différente chaque jour avec commentaires et dégustation en cave (2h). Calendrier à l'office de tourisme. *À Riquewihr, départ rue de la Piscine (à côté de l'Auberge du Schoenenbourg, plan B2) ou 9, route de Kientzheim (au bout de la rue de la Première-Armée, plan A1)*

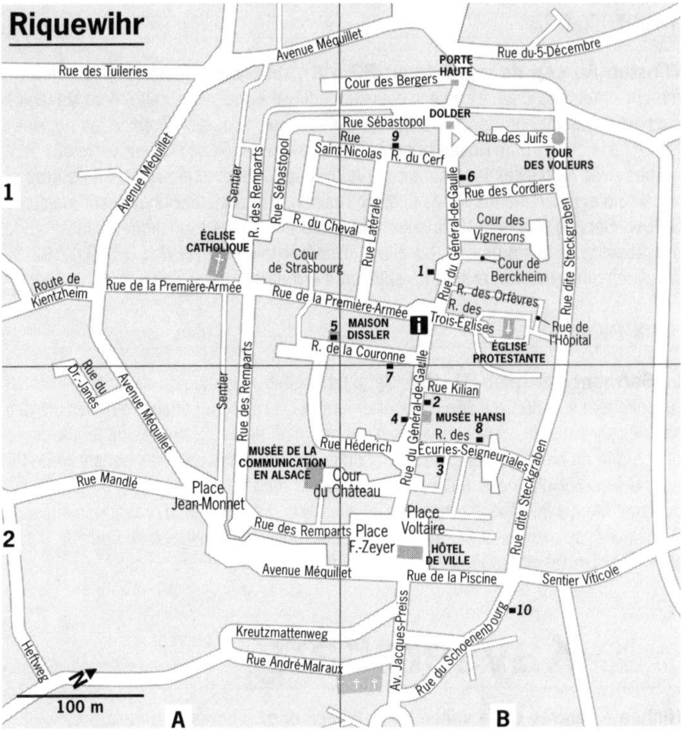

MANGER, DORMIR

1 Winstub Au tire-bouchon — B1
2 Restaurant-cabaret L'Écurie — B2
3 L'Arbalétrier — B2
4 Winstub Au cep de vigne — B2
5 Chambres d'hôte La Maison Dissler — A1
6 Hôtel-restaurant Au Dolder — B1
7 Hôtel de la Couronne — B1-B2
8 Hôtel À l'oriel — B2
9 Le Sarment d'or — B1
10 Hôtel et restaurant Le Schoenenbourg — B2

Manger à Riquewihr

petits prix

☺ **L'Arbalétrier (plan B2 n°3).** Fatigué des tartes flambées englouties dans des *winstub* sombres et humides ? Cet élégant caveau de 1606 vous changera : les voûtes en pierre sont bien éclairées, le cadre est chaleureux et l'accueil des nouveaux propriétaires, souriant et attentionné. Dans l'assiette, une cuisine assez élaborée : chaud-froid de foie gras (16,50€), filet de canette au miel d'Alsace (18€), sandre rôti sur la peau (17,50€). Le menu du terroir offre un excellent rapport qualité-prix (18€). Une adresse à encourager ! *12, rue des Écuries-Seigneuriales Tél. 03 89 49 01 21 Ouvert tlj. sauf mer. (sauf mar. et mer. nov.-Pâques) Fermé jan.*

prix moyens

Winstub Au cep de vigne (plan B2 n°4). De la rue principale, une volée de marches descend jusqu'à ce beau caveau médiéval à une seule voûte, dont les tables sont éclairées au photophore. Dans ce clair-obscur, la cuisine illumine les papilles ! Goûtez à la choucroute riquewihrienne (14,50€)... qui doit sa couleur verte aux sept herbes avec lesquelles le chou a cuit ! Autres spécialités : l'escalope à la crème et le carré d'agneau. Menus 20-41€ et vin maison. Concluez par un digestif maison à 5,20€. Service souriant. Voilà qui change des enseignes touristiques sans grande personnalité de la même rue. *13, rue du Général-de-Gaulle Tél./fax 03 89 47 92 34 www.cep-de-vigne.com Ouvert tlj. sauf lun. Fermé jan.*

prix élevés

Le Sarment d'or (plan B1 n°9). Cette table gastronomique du vieux Riquewihr fait l'unanimité. Le cadre, qui allie parquet et lambris vernissés, parvient à rester élégant sans être intimidant, et les serveurs n'ont rien d'obséquieux. Auprès de la cheminée qui crépite en hiver, dégustez les mets de la maison à des prix très décents : de 20 à 25€ le carré d'agneau à l'ail confit, le ris de veau poêlé ou la sole au jus de coquillage. Menus 20-48€. Comptez 50€ à la carte. Le Sarment d'or dispose aussi de 9 chambres coquettes, de 60 à 80€ pour deux, petit déj. 8€. *4, rue du Cerf Tél. 03 89 86 02 86 Fermé dim. soir, lun. et mar. midi et lun.-mar. en déc.*

☆ ☺ Kaysersberg

68240

Nichée à l'entrée de la vallée de la Weiss, entre vignes et montagne, Kaysersberg est une magnifique bourgade dominée par les ruines de son château. Sa position entre la Lorraine et la plaine d'Alsace assura très tôt sa prospérité, et sa Vieille Ville semble tout droit sortie d'un livre de contes pour enfants. Ruelles pavées et maisons à colombages, pont fortifié et canal souterrain, donjon solitaire et église à gargouilles composent un tableau baroque et chaleureux. Rien ne manque, pas même les touristes, qui affluent en nombre ! Les boutiques de souvenirs ont colonisé la rue principale avec plus ou moins de bonheur. Pas suffisamment pour gâter le charme de Kaysersberg. Ce n'est pas tout : la ville est associée à la bonne chère. On y trouve d'excellentes tables et un grand cru, le schlossberg, qui fut, en 1975, le premier classé d'Alsace. Enfin, son marché de Noël demeure l'un des plus pittoresques de la région.

Découvrir Kaysersberg

☆ **À ne pas manquer** L'église Sainte-Croix et les ruines du château impérial à Kaysersberg, Kientzheim, Niedermorschwihr **Et si vous avez le temps...** Achetez des confitures à Niedermorschwihr, du pinot gris à Kientzheim, des pommes à Sigolsheim

☆ **Église Sainte-Croix (plan B1)** Construite du XIIIe au XVIe siècle, elle possède un remarquable portail roman (1235), encadré de colonnes aux chapiteaux sculptés en forme de pélicans, de sirènes et d'atlantes. Le tympan représente le Couronnement de la Vierge, assise à la gauche du Christ, tous deux entre les archanges Michel et Gabriel. L'artiste, un certain Conradus, s'est portraituré dans le coin gauche du tympan. Dans la nef, un gigantesque Christ en croix (XVIe s.) accroché à la poutre de gloire attire le regard. Sur la gauche, admirez le beau sépulcre du XVe siècle et, dans le chœur, le retable sculpté et gravé (1518). Œuvre du Colmarien Jacques Bongartz, il illustre la Passion et la Résurrection du Christ. Sur le parvis de l'église, une belle fontaine de 1521 figure l'empereur Constantin. *Place Ittel*

Ruines du château impérial (plan B1) Le château fut édifié au début du XIIIe siècle par les Hohenstaufen pour contrôler l'entrée de la vallée escarpée de la Weiss, trait d'union entre la Lorraine et la plaine d'Alsace. Seul en subsiste un donjon circulaire, telle une sentinelle fatiguée. Très belle vue plongeante sur Kaysersberg et ses toits de tuile qui semblent se chevaucher. La vue est encore plus époustouflante du haut du donjon, mais il faut gravir plus de 100 marches ! Un sentier qui part de l'office de tourisme rejoint le château en 10min.

Découvrir les environs

☺ Kientzheim

Moins touristique que Kaysersberg, ce joli bourg médiéval lové à l'abri de ses remparts des XVe-XVIe siècles mérite d'être vu. Au-dessus de la **porte Basse**, dite du Lallakenig ("Roi des tireurs de langue"), un mascaron vous tirera la langue ! Drôle d'accueil... Cette figure grotesque cache en fait une meurtrière, d'où l'on faisait jaillir une langue en fer pour effrayer les assaillants. Passé la porte, sur la gauche, vous découvrirez l'élégante façade Renaissance du **château** édifié en 1563 par le baron Lazare de Schwendi. D'après la légende, ce général et diplomate du Saint Empire aurait rapporté de ses campagnes en Hongrie des plants de tokay pour les cultiver sur ses terres de Kientzheim. C'est pourquoi la bourgade est considérée (à tort) comme le berceau du tokay pinot gris. Le château abrite le musée du Vignoble et des Vins d'Alsace (cf. plus bas). Entrez dans la **chapelle Saint-Félix-et-Sainte-Régula** pour admirer ses statues et ses émouvants ex-voto (1667-1865), peintures sur bois représentant des malades alités implorant la grâce de Dieu. La **Grand'Rue** est bordée de belles maisons de vignerons : la plus ancienne (1558) s'élève au n°17. Au 21, l'ex-auberge des Trois Rois mages arbore un bel oriel en grès rose. La maison Bleue, place du Lieutenant-Dutilh, présente un intéressant poteau cornier. L'**église Notre-Dame** renferme les spectaculaires pierres tombales des sires de Schwendi (1584-1609), dont celle du fameux Lazare. Un sentier viticole de 1h30 à 2h fait le tour du village. En été et décembre, ne manquez pas les **Balades aux lanternes**, visites guidées de Kientzheim à la tombée de la nuit (*rens. 03 89 78 22 78*). *À 2km à l'est de Kaysersberg par la D28*

Musée du Vignoble et des Vins d'Alsace Le berceau légendaire du tokay pinot gris se devait de consacrer un espace au vin. C'est chose faite avec ce petit musée à l'ancienne, monté par la confrérie Saint-Étienne d'Alsace. Cette collection

Kaysersberg

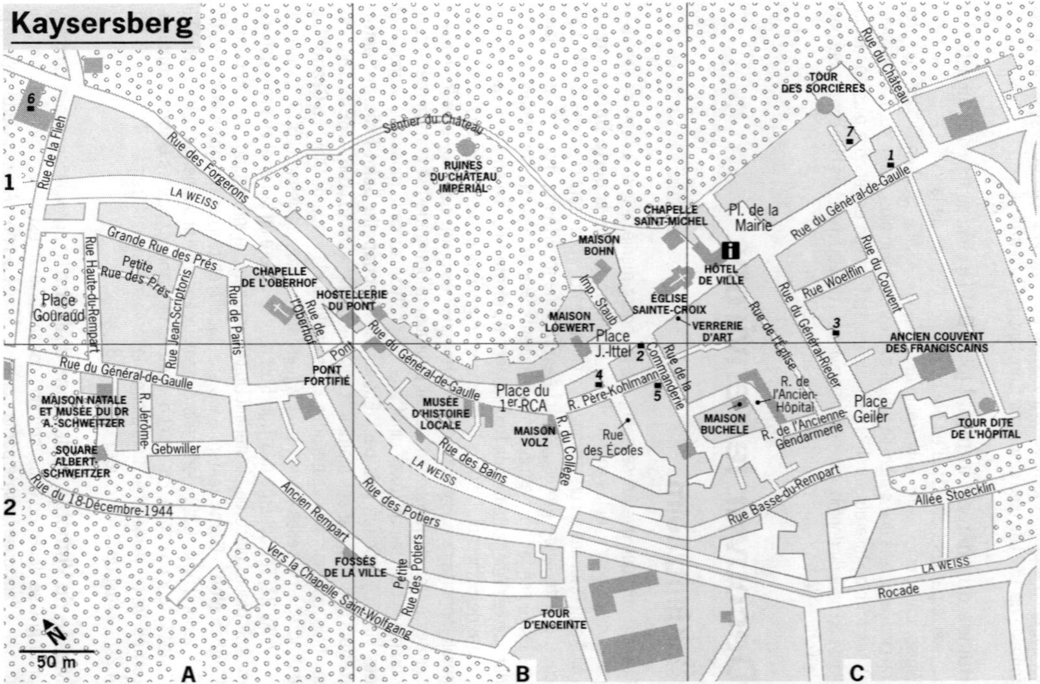

DORMIR

- ***1*** Winstub du Chambard — C1
- ***2*** Hôtel-restaurant du Château — B2
- ***3*** Restaurant Le Moréote — C1
- ***4*** Restaurant La Vieille Forge — B2
- ***5*** Hôtel Constantin — B2
- ***6*** Hôtel Les Remparts — A1
- ***7*** Hôtel-restaurant Le Chambard — C1

foisonnante d'outils de vignerons, de verrous sculptés et de machines à embouteillage a pour pièces maîtresses deux pressoirs à vis monumentaux (l'un date de 1640). *Château de* ***Kientzheim*** *(à gauche après la porte du Lallakenig) Tél. 03 89 78 21 36 Ouvert mai : sam.-dim. et j. fér. 10h-12h et 14h-18h ; juin.-oct. : tlj. mêmes horaires Tarif 3€, réduit 2€*

Niedermorschwihr

Ce village dominé par le Grand Cru Sommerberg semble tout droit sorti d'une illustration de Hansi : l'artère principale est bordée de pimpantes maisons de vignerons aux couleurs éclatantes, ornées, pour certaines, d'oriels gothiques et Renaissance. Admirez celui, en pierre ajourée, de la maison du viticulteur Gérard Weinzorn. Niedermorschwihr se distingue aussi par ses belles fontaines octogonales. Son église possède le seul clocher vrillé d'Alsace (XIIIe s.) et renferme un bel orgue Silbermann de 1726. *À 9km au sud-est de Kaysersberg par la N415 et la D11II*

Où acheter des confitures ?

☆ **Confitures Christine Ferber.** Christine Ferber est une pointure de la confiture. Ses pots s'arrachent jusqu'au Japon, et à lire la liste de toutes les variétés concoctées on a le tournis : pas moins de 275 confitures différentes ! Ici, les mélanges sont audacieux et toujours réussis, à l'instar de la confiture de rhubarbe, abricots séchés et gewurztraminer. Autre réussite : la confiture à la framboise et à la violette. On craque aussi pour celle aux pétales de rose. Un régal qui a un prix : 5,25€ le pot de 250g. Christine Ferber vend également d'excellents macarons, kouglofs à l'ancienne et chocolats. *18, rue des Trois-Épis 68230* ***Niedermorschwihr*** *Tél. 03 89 27 05 69 Fermé dim. après-midi et lun.*

Manger à Kaysersberg

petits prix

☺ **Winstub du Chambard (plan C1 n°1).** Une excellente *winstub* à des prix abordables. La salle, entièrement lambrissée et bordée de banquettes, est claire et aérée. Voilà qui renouvelle la tradition ! La cuisine est à la hauteur du cadre : excellents *baeckeoffe* et choucroute (env. 13,80€). En entrée, goûtez la tête de veau vinaigrette aux herbes (12,30€). Suggestions quotidiennes sur ardoise. Menu de saison très complet à 24€ et menu "Stub" économique à 17,50€, avec un choix de poisson ou de viande. Le menu du terroir à 22€ permet de goûter aux spécialités maison. En dessert, ne résistez pas aux délicieux kouglof glacé, sorbet citron et vacherin minute (7-9€). Service sans faille de la famille Nasti, qui tient l'hôtel et le restaurant gastronomique voisins. *9-13, rue du Général-de-Gaulle Tél. 03 89 47 10 17 Ouvert tlj. midi et soir*

prix moyens

☺ **Restaurant La Vieille Forge (plan B2 n°4).** Un sans-faute pour cette table du Vieux Kaysersberg ! Du service à la cuisine, on frôle le 10/10. L'élégante salle aux tons doux change des caveaux rustiques ! Les assiettes accueillent une cuisine à la fois simple et subtile. Nous conseillons le savoureux filet de sandre aux lardons et pinot gris sur lit de choucroute (16€). Le menu à 18,50€ permet de goûter à la choucroute maison, très fine. En dessert, la terrine glacée au pain d'épices est divine, et le parfait glacé au gewurz… parfait. Service souriant et attentionné. *1, rue des Écoles Tél. 03 89 47 17 51 Fax 03 89 78 13 53*

Manger dans les environs

prix moyens

☺ **Caveau Morakopf.** On vient de loin s'attabler dans ce fameux caveau, très chaleureux avec ses nappes en *kelsch* et ses tables en bois. On y sert une excellente cuisine, à la fois simple et raffinée dans un décor cosy à souhait. Démonstration avec le divin *fleischnacka* (roulé de viande aux nouilles 14€), à la hauteur de l'accueil et du service. Aux beaux jours, dégustez des tripes au riesling, un *schwina zingala* (langue de porc) ou un pâté vigneron dans le jardin d'été. Nombreuses suggestions et vaste choix de grands crus et de crémants. Plats de 12,80 à 16,50€. En dessert, laissez-vous tenter par le gâteau Morakopf au chocolat (7,20€). Pas étonnant que la table fasse l'unanimité dans la région depuis plus de 30 ans ! Réservation souhaitée. *7, rue des Trois-Épis 68230* ***Niedermorschwihr*** *(à 9km au sud-est de Kaysersberg par la N415 et la D11ii) Tél. 03 89 27 05 10 www.caveaumorakopf.fr Fermé dim. et lun. midi*

☆ ☺ Eguisheim

68420

Eguisheim est répertorié à juste titre parmi les plus beaux villages de France. Tout aussi coquet que Riquewihr, mais bien moins touristique, il s'est construit en cercles concentriques autour du château où le fils du comte de Nordgau, Bruno, futur pape Léon IX, naquit en l'an 1002. Impossible de ne pas tomber sous le charme de ses maisons en pans de bois, copieusement fleuries, qui s'alignent en une belle unité architecturale. Ne manquez pas l'adorable rue du Rempart-Sud, qui fait le tour de la cité, avec la rue du Rempart-Nord. Au loin, sur les coteaux, trois châteaux pointent leur donjon en ruine vers le ciel. Incontestablement, ce lieu a une âme. Les villageois prétendent même que c'est là que les Romains plantèrent les premières vignes d'Alsace, au IVe siècle. Faute de pouvoir vérifier cette assertion, on tentera de se forger un avis sur les deux grands crus locaux, l'eichberg et le pfersigberg, dans les nombreuses caves à vin du village. Eguisheim déploie en effet 339ha d'un vignoble réputé et compte une trentaine de viticulteurs indépendants.

Découvrir Eguisheim

☆ **À ne pas manquer** La rue du Rempart-Sud, le château du Hohlandsbourg **Et si vous avez le temps…** Participez à la fête des Vignerons, à la fin de l'été, dans un décor d'Alsace heureuse

☺ **Rue du Rempart-Sud** Sans nul doute la rue la plus pittoresque d'Eguisheim. D'adorables maisons alsaciennes s'y côtoient dans une harmonie parfaite : colombages, géraniums aux balcons, chaussée pavée… rien ne manque au décor !

☺ **Église Saint-Pierre-et-Saint-Paul** De la basilique romane ne reste guère que le clocher, érigé vers 1220. Le vrai trésor de l'église, on le découvre à droite en entrant, au-dessus d'une des deux seules Vierges ouvrantes en bois polychrome d'Alsace : le portail du XIIIe siècle possède un superbe tympan classé. On y voit le Christ entre saint Pierre et saint Paul, et une parabole des vierges folles (dissipées, elles tiennent leurs lampes en bas) et des vierges sages (bien alignées, lampe en haut).

Sentier viticole des Grands Crus d'Eguisheim Une jolie balade dans les vignes à la découverte des sept cépages alsaciens. Des panneaux explicatifs ponctuent le sentier, long de 4km (1h30), qui réserve de beaux panoramas sur les coteaux. Des viticulteurs animent des visites guidées gratuites avec dégustation le samedi à 15h30 de juin à la mi-septembre et le mardi en août. Départ à côté du camping – le chemin suit d'abord la route qui monte. Au tout début, faites un crochet sur la gauche jusqu'au parc à cigognes (*entrée libre*).

Découvrir les environs

Château du Hohlandsbourg Construit sur un promontoire granitique, à même la roche, il domine la plaine d'Alsace. Du chemin de ronde de sa vaste enceinte rectangulaire, on distingue la vallée de la Fecht, la Forêt-Noire et, par temps clair, les flèches des cathédrales de Strasbourg et de Bâle. Ce spectaculaire panorama à 360 degrés est, hélas, le seul véritable attrait du site. Érigé en 1279 par Siegfried de Gundolsheim, prévôt impérial de Colmar, pour surveiller la ville et sa région, le château est incendié deux ans plus tard par les Colmariens. Les Habsbourg le donnent ensuite en fief aux Ribeaupierre, puis aux comtes de Lupfen, qui l'agrandissent au XVe siècle. Modernisé en 1562 par Lazare de Schwendi, le célèbre conseiller de l'empereur Maximilien II, il sera démantelé en 1637, pendant la guerre de Trente Ans. En été, des animations diurnes et nocturnes font revivre les lieux : combats de chevaliers, tir à l'arc, artisanat, musique, danse, etc. Également des dîners-spectacles sur réservation. Visite guidée selon l'affluence. *À env. 6km au nord des trois châteaux d'Eguisheim Tél. 03 89 30 10 20 château-hohlandsbourg@wanadoo.fr Ouvert juil.-août : tlj. 10h-19h ; juin et sept : lun.-sam. 14h-18h, dim. et j. fér. 11h-18h ; Pâques-mai et oct.-11 nov. : sam. 14h-18h, dim. et j. fér. 11h-18h Tarif 4€, couple 5,50€, enfant 1,50€ Tarif journées médiévales 5,50€, enfant 2,50€*

Manger à Eguisheim

petits prix

Wistub Bierstub Kas Fratz. Une adresse simple et sympathique pour déguster du vin d'Eguisheim en cassant la croûte. Au programme : tartes flambées, tartines, planches de charcuterie ou de fromage, salades, etc. Comptez de 6 à 17€ le plat, et autant le pichet de vin (50cl). Le tout à savourer parmi les pierres du caveau ou sous les chopes de bière suspendues aux poutres de la salle. *1, rue du Château Tél. 03 89 41 87 66 Ouvert mar. 19h-23h30, mer.-dim. 12h-23h30*

prix moyens

Caveau d'Eguisheim. L'étape gastronomique d'Eguisheim ! On s'attable au 1er étage pour admirer la pittoresque place du Château avec sa fontaine Léon-IX. La maison est réputée pour ses spécialités à base de porc (les bêtes sont élevées par le chef) : boudin noir, assiette de jambon fumé au grenier, joues de cochon confites au pinot noir… Le midi en semaine, le menu du merché permet de déjeuner copieusement pour 29€. Le cadre est assez élégant avec ses tables nappées et le service, soigné. *3, pl. du Château-Saint-Léon Tél. 03 89 41 08 89 Fermé lun.-mar.*

☆ La route des Crêtes

Pendant la Première Guerre mondiale, l'État-major français aménagea un axe nord-sud sur les cimes du massif vosgien, à l'ouest de la ligne de front, pour ravitailler les troupes. Adaptée à l'automobile dans les années 1920, cette route suit la ligne de crête, entre Alsace et Lorraine, en offrant des horizons dégagés du haut des cols et de sommets arrondis en "ballons". Les caprices géologiques, puis l'agropastoralisme ont façonné des paysages que les plus hardis survolent en deltaplane : lacs, hêtraies, cirques glaciaires enserrant des tourbières à sphaignes, chaumes à perte de vue. Maints sentiers de randonnée partent de la route des Crêtes vers des étangs secrets, des sous-bois et des éboulis où nichent des oiseaux de proie. Sur les massifs du Hohneck, du Markstein et du Grand Ballon, on épie le chamois, réintroduit dans les années 1950. Suivez bien les balises sur les sentiers pour éviter tout accident et respecter ces milieux protégés. L'hiver, les pâturages enneigés offrent du bon temps aux skieurs.

☆ **LE PARC NATUREL RÉGIONAL DES BALLONS DES VOSGES** Créé en juin 1989, il s'étend sur 2 983km² entre Alsace, Lorraine et Franche-Comté, de la vallée de Sainte-Marie-aux-Mines, au nord, jusqu'aux portes de Belfort et à Plombières-les-Bains, au sud. Il protège les différents milieux du massif vosgien (forêts – 67% du territoire du parc –, lacs, rivières, collines sèches, cirques glaciaires, tourbières, hautes chaumes), leur faune et leur flore d'une incomparable richesse. Côté alsacien, il s'étend des "ballons" (sommets) jusqu'au piémont des hautes Vosges et englobe Ribeauvillé et certains villages de la Route des vins. Outre la mise en valeur du patrimoine naturel du massif, il entend soutenir le développement économique des 208 communes installées sur son territoire en valorisant leurs ressources culturelles. Le parc a mis en place une navette spéciale pour limiter la circulation automobile sur la route des Crêtes. La documentation pédagogique à l'intention de ses visiteurs est diffusée, notamment, par la maison du Parc, à Munster.

Découvrir la route des Crêtes

☆ **À ne pas manquer** Le massif du Hohneck, le Grand Ballon, le Vieil-Armand **Et si vous avez le temps...** Randonnez à ski de fond entre le Grand Ballon et le Markstein, initiez-vous au parapente au chalet Le Point, faites un copieux déjeuner dans une ferme-auberge

☆ **Le Hohneck** (1 362m) Le troisième sommet des Vosges et un célèbre point de vue. Sa table d'orientation permet de repérer les sommets de la chaîne vosgienne, la plaine d'Alsace et, par temps clair, les Alpes, le Jura et la Forêt-Noire. On y admire aussi les dents d'une arête granitique, les **Spitzoepfe**. L'un des plus spectaculaires cirques environnants, le **Frankenthal** (1 024m), au nord, est dominé par les falaises de la **Martinswand**, auxquelles les alpinistes viennent se mesurer ; au sud, au fond de la vallée glaciaire de la Wormsa, dorment les beaux lacs artificiels de Schiessrothried (926m d'alt.) et de Fischboedle (794m), dans lequel se jettent de turbulentes cascades. *À 4km au sud du col de la Schlucht par la D430 puis route secondaire à gauche*

☆ **Massif du Ventron** Du col de Bramont au col d'Oderen, la crête du Ventron se dresse comme une barrière entre l'Alsace et la Lorraine. Ce massif, classé réserve naturelle, présente des paysages variés – torrents, pelouses des hautes chaumes, tourbières – et abrite des animaux protégés comme le grand tétras et le lynx. Le versant alsacien est tapissé de fabuleuses hêtraies et sapinières à peine touchées par l'homme. Son point culminant, le Grand Ventron (1 204m), domine les Vosges et la vallée de la Thur. Une route forestière de 8km y conduit à partir du col de Bramont (*12km au sud-ouest du col de la Schlucht par la D34)*, via le col de la Vierge.

Le Markstein

Via le col du Hahnenbrunnen (1 186m), la route des Crêtes atteint les hauteurs du Markstein (1 260m). Sur cette crête, composée de différents schistes et de grauwackes (roches sédimentaires), poussent de nombreuses essences – chênes rouvres, hêtres, châtaigniers, pins. Une station de ski est installée au Markstein depuis 1925, avec ses hôtels et restaurants. De là, les skieurs de fond peuvent rallier le Schnepfenried ou le Grand Ballon, tandis que de belles perspectives enchantent les randonneurs l'été : à l'ouest, le sommet du Jungfrauenkopf (1 267m), au sud-est celui du Marksteinkopf (1 241m), et plus au nord, sur la route de Guebwiller, le lac de retenue de la Lauch. *À 19km du Hohneck par la D430*

Dévaler les pistes

Station de ski du Markstein Dix pistes de ski alpin et 9 remontées mécaniques, un nouveau téléski pour débutants, un éclairage nocturne mar., ven. et sam. de 18h à 22h et un stade de slalom qui a accueilli des épreuves de coupe du monde en 1983 et 1987 ! Également un réseau de 5 pistes damées pour le ski nordique, qui permet de rejoindre les domaines du Schnepfenried et du Grand-Ballon. La **maison du Markstein**, qui abrite l'école de ski, un dortoir de 20 lits et un snack-bar, tient lieu de centre d'accueil et de renseignements. *Tél. 03 89 82 74 98 www.lemarkstein.net*

Faire du parapente

Centre école du Markstein. Installée dans un chalet, à 1 200m, l'école propose des stages intensifs de parapente et de deltaplane sur de longs week-ends : découverte, initiation ou perfectionnement. À partir de 12 ans, matériel fourni, hébergement possible au chalet (19€ la nuitée avec petit déj., 28€ la demi-pension). *Chalet Le Point 68610* ***Le Markstein*** *(à 2km au nord de la station sur la route du Hohneck, embranchement à droite) Tél. 03 89 82 68 54 www.centreecolemarkstein.com*

☆ Le Grand Ballon

Le toit des Vosges : 1 424m ! La forêt grimpe jusqu'à 1 400m ; au sommet, un monument rend hommage au bataillon de chasseurs des Diables bleus. Vous pourrez passer la nuit au Grand Hôtel, à deux pas. Prenez le sentier qui passe près de l'établissement, et après 15min d'ascension, laissez-vous envoûter par la plus exceptionnelle des vues : toute la plaine d'Alsace s'étale à vos pieds. En automne, les brouillards se concentrent dans la vallée, laissant les cimes du Jura et des Alpes dégagées jusqu'au mont Blanc. Une belle randonnée de 5h30 relie le Grand Ballon à la ville de Thann en passant le **col de Kohlschlag** (825m, à 6km au sud du point de départ), ou col Amic – du nom du capitaine qui y trouva la mort en décembre 1915. Un kilomètre plus loin vous attendent les restes du **Freundstein**. Ce château médiéval, le plus élevé d'Alsace (948 m), fut incendié en 1525, touché par la foudre en 1562 et bombardé lors de la Première Guerre mondiale. *À 9km au sud-est du Markstein par la D431*

Skier sur les hautes chaumes

Station du Grand-Ballon Neuf pistes et 4 remontées mécaniques pour les adeptes du ski alpin, une piste de 6km qui rejoint celles du Markstein pour les skieurs de fond... et des horizons inoubliables pour tous : la plaine d'Alsace, la Forêt-Noire et les Alpes. *Tél. 03 89 83 13 25*

Du Grand-Ballon au Schnepfenried Env. 30km de pistes nordiques relient les stations du Grand-Ballon, du Markstein et du Schnepfenried. *Infos Tél. 03 89 83 13 25 (Grand-Ballon), 03 89 82 74 98 (Markstein), 03 89 77 50 32 (Schnepfenried)*

☆ Le Vieil-Armand

Ce promontoire qui s'avance à 956m d'altitude au-dessus de la plaine d'Alsace devint un enjeu stratégique lors de la Grande Guerre. Dès août 1914, l'armée française prit le contrôle des principaux cols vosgiens afin de préparer une offensive sur la plaine d'Alsace. C'est pour stopper une contre-attaque allemande qu'elle s'empara du Hartmannswillerkopf (francisé depuis en "Vieil-Armand") à l'automne. Au gré des attaques et des contre-attaques, ce sommet allait demeurer jusqu'en septembre 1918 le théâtre de sanglantes tueries : 30 000 morts au moins. Aujourd'hui, au **col du Silberloch**, 1 260 croix blanches s'alignent face au monument national du Vieil-Armand et à son autel de la Patrie. La crypte aménagée sous l'autel abrite un ossuaire de soldats inconnus et une exposition de photos de l'après-guerre. Au bas du cimetière, un plan propose deux circuits : une ascension en 30min du Vieil-Armand jusqu'à sa grande croix illuminée la nuit, ou un parcours de 2h30 parmi les tranchées et abris de l'ancien champ de bataille. Très émouvant, l'hôpital de campagne reconstitué évoque les souffrances et la bravoure des combattants. *À 10km au sud-est du Grand Ballon par la D431* ***Crypte*** *ouverte dim. de Pâques-11 nov. : tlj. 9h-12h et 14h-18h Tarif 2€, gratuit moins de 14 ans*

Manger sur la route des Crêtes

très petits prix

Ferme-auberge de La Graine Johé. Postée à l'arrivée d'un téléski, voilà bien des années qu'elle réchauffe les skieurs. Toute la famille met son cœur à faire tourner l'exploitation et les deux salles de 120 couverts. Grande spécialité : la tourte à la viande, le lard de la maison et un munster de choix. Carte 10€. ***Col des Bagenelles*** *68650 Le Bonhomme Tél. 03 89 47 51 55 Ouvert tlj. 12h-20h30 Fermé oct.-11 nov.*

petits prix

☺ **Ferme-auberge du Hahnenbrunnen.** Une maison bien tenue ! La première salle de restaurant ressemble à une cantine radieuse, la seconde évoque une maison de poupée. La carte, elle, s'adapte à tous les goûts : charcuteries, menus marcaires – complet (15€), sans dessert (13€) ou sans tourte (11€) –, un bel assortiment de fromages et de consistantes tartes aux fruits. Carte 10€, fromages à emporter. ***Route des Crêtes*** *(à 3km au nord-ouest du Markstein sur la D430, dir. col de la Schlucht) 68610 Lautenbach Tél. 03 89 77 68 99 Ouvert fin mai-mi-oct. : tlj. 12h-20h*

☺ **Ferme-auberge du Grand Ballon.** Didier et Annick Bronner tiennent cette ferme-auberge depuis 1992. Quand ils se sont lancés dans l'aventure, il leur a fallu apprendre plusieurs métiers à la fois ! Une belle réussite, si l'on en juge au brouhaha qui règne autour des tables : délicieuses charcuteries, viandes tendres, *roïgebrageldi* fondues dans le beurre et une tarte aux myrtilles qui séduit les connaisseurs. Pour varier les plaisirs, l'ardoise du jour suggère par exemple un pot-au-feu, mijoté avec du bœuf de la ferme. Repas 15€. ***Grand Ballon*** *(à 9km au sud-est du Markstein par la D431) 68760 Willer-sur-Thur Tél. 03 89 76 95 79 Ouvert Pâques-11 nov. : lun. 9h-dernier client du déjeuner, mer.-dim. 9h-20h ; 26 déc.-Pâques : week-end et vac. scol.*

☺ **Ferme-auberge du Treh.** Petit-fils de marcaires, Jean-Paul Deybach dirige une vraie ferme de transhumance et écoule toute sa production chez lui : cochons nourris au petit-lait, viande de veau, fromages et beurre. Vous retrouvez ces produits dans les tourtes à la viande, les *roïgebrageldi* au collet de porc, les saucisses à tartiner, la faisselle du matin au coulis de myrtilles. Déjeuners où l'on rit beaucoup et qui se prolongent, tandis que les enfants jouent dehors. Menus 16,50€, carte 10€. ***Le Treh*** *(à 2km à l'ouest du Markstein) Tél. 03 89 39 16 79 Pâques-11 nov. : mar.-dim. 8h-20h30 (dernier service) ; 12 nov.-Pâques : week-end et et vac. scol. mêmes horaires*

Munster

68140

Des bénédictins s'installèrent au confluent de la Grande et de la Petite Fecht au VIIe siècle. Le village qui se développa autour du monastère en prit le nom, "munster". En 1287, la cité s'entoura de remparts et devint le siège du conseil des neuf communes de la vallée, la communauté du val Saint-Grégoire. Elle entra dans la Décapole en 1324 et, au XVIe siècle, les trois quarts des habitants de la vallée adhérèrent à la Réforme. Munster s'industrialisa et s'agrandit au XIXe siècle sous l'impulsion de la famille Hartmann. La cité fut, hélas, pratiquement rasée, comme ses villages satellites, lors de la Grande Guerre. Depuis 1945, la ville et la vallée, l'une des plus belles des Vosges, axent leur développement sur le tourisme.

Découvrir Munster

☆ **À ne pas manquer** La place du Marché et l'ancien palais abbatial de Munster, Soultzbach-les-Bains, le Hohrodberg **Et si vous avez le temps...** Goûtez une tourte au salon de thé Gilt à Munster, essayez un circuit VTT, approvisionnez-vous dans les fermes et à la cave de Wihr-au-Val, et si vous aimez la marche, rejoignez le lac de Fischboedle dans la vallée de la Wormsa

☆ **Place du Marché (plan B1)** Fort animée, elle constitue le cœur historique de la ville. Le conseil de la communauté du val Saint-Grégoire se réunissait jadis à l'hôtel de ville, une construction de 1550 désormais classée. Les armoiries municipales figurent au-dessus de la porte et une aigle bicéphale, sur le pignon, rappelle que Munster fit partie du Saint Empire romain germanique. Les Munstériens érigèrent la fontaine au Lion en 1576, quand le traité de Kientzheim reconnut le protestantisme. Derrière s'élève l'imposante église protestante, un édifice en grès rose de style néoroman (1873), et en face, l'église catholique Saint-Léger, très remaniée au XIXe siècle. La tour aux Cigognes a été construite en 1872.

Ancien palais abbatial (plan B2) Un passage relie la place du Marché aux ruines du couvent. Ce sont des ermites irlandais venus de Stosswihr qui seraient à l'origine de l'abbaye de Munster, l'une des plus importantes d'Alsace. Fondée en 660, celle-ci prit le nom de Saint-Grégoire en hommage au pape Grégoire le Grand et, à force de donations, étendit peu à peu son contrôle sur tout le val. En 1235, elle passa sous l'égide du Saint Empire, échappant ainsi à la convoitise de l'évêque de Bâle. En 1407, il fallut rebâtir l'abbatiale, ravagée par un incendie. Puis la guerre de Trente Ans (1618-1648) ruina la communauté. Reconstruit, vendu comme bien national à la Révolution, le couvent perdit son église au XIXe siècle. L'ancien bâtiment des prélats abrite les bureaux et salles d'exposition de la Maison du parc naturel régional des Ballons des Vosges. L'herbe a poussé parmi les ruines du cloître, formant un jardin insolite.

☺ **Enclos aux cigognes (plan A1)** Le parc surélevé de Dubach offre un parcours de santé balisé et un coin pique-nique. En contrebas, entre deux terrains de pétanque, nichent des cigognes. Élevés pendant trois ans en captivité, les cigo-

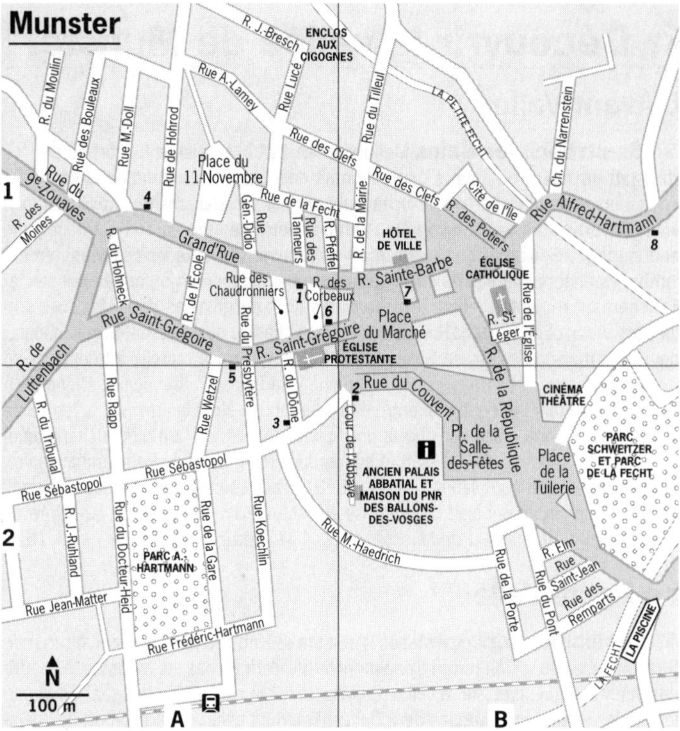

MANGER, DORMIR

1 Gilt — A1
2 Au caveau des marcaires — B2
3 L'Alsacienne — A2
4 Hôtel-bar des Vosges — A1
5 Au Val-Saint-Grégoire — A2
6 À l'agneau d'or — A1
7 La Cigogne — B1
8 La Verte Vallée — B1

gneaux oublieront de migrer et feront leur nid au-dessus de la place du Marché, comme leurs ancêtres jadis. *Chemin du Dubach (par la rue de la Mairie puis la rue du Tilleul, et tout de suite à gauche)*

Où faire une pause gourmande ?

☺ **Gilt (plan A1 n°1).** Les Munstériens n'ont pas d'heure pour rendre visite à leur pâtissier préféré, le talentueux Jean-Paul Gilt. Au petit déjeuner, le maître leur propose un kouglof et son cousin, le *langhopf*, à base de fruits secs et d'épices. Au déjeuner, on peut déguster là les meilleures tourtes à la ronde, des petits pâtés chauds, froids ou en gelée et des brioches farcies. Quant au sucré, la gamme n'en finit pas : génoises, tartes, mousses, biscuits, glaces artisanales en cornet, ballotins de chocolats à emporter. Salon de thé et boutique. *11, Grand'Rue Tél. 03 89 77 37 56 www.patisserie-gilg.com Ouvert mar.-ven. 7h30-18h30, sam. 7h-18h, dim. 7h30-12h30 (7h-18h en juil.-août) ; le service en terrasse s'achève 1/2h avant la fermeture*

☆ Découvrir la vallée de Munster

L'Avant-Vallée

☆ **Soultzbach-les-Bains** Mentionné en 1211, le village fut fortifié par les Hattstatt en 1275. Sa source minérale était déjà exploitée à la fin du Moyen Âge. Toutefois, ce sont les barons de Schauenbourg qui, devenus maîtres de Soultzbach en 1603, transformèrent son château en un centre de cure en 1615. Un incendie endommagea Soultzbach en 1844, mais nombre de ses maisons colorées, aux colombages historiés et aux fenêtres garnies de géraniums, remontent au XVIIe siècle. Fraîchement repeintes, elles déversent des flots de glycines dans des rues tortueuses. Au bout de la Grand'Rue s'élève l'ancien château des Hattstatt-Schauenbourg, devenu la maison de retraite Sainte-Anne. Il a conservé sa tourelle à trois pans du XIIIe siècle et son corps de logis du XVe. La chapelle Sainte-Catherine (XVe s.), non loin de là, se cale tant bien que mal entre deux demeures. Hors les murs, l'église Saint-Jean-Baptiste abrite dans son chœur une splendide custode (armoire eucharistique) du XVe siècle. Jacques de Hattstatt et son épouse Marguerite de Rathsamhausen reposent dans la nef sous leurs gisants (1518). D'autres curiosités se cachent dans le village. Un circuit qui part de la mairie en recense 16 en tout (plan à l'entrée du centre-ville). *À 6km à l'est de Munster par la D417* ***Mairie*** *Tél. 03 89 71 11 16*

La Petite Vallée

☆ **Le Hohrodberg** Cette station d'altitude (850m) n'a pas volé son surnom de "Balcon de la vallée". Au terme d'une montée qui n'effraie pas les cyclistes, elle offre des vues vertigineuses sur la vallée de Munster et la chaîne des Vosges. De là partent trois sentiers thématiques de 1,5 à 2,5km, dont celui du Barrenkopf, qui mène droit au musée-mémorial du Linge. Le village de Hohrod, à 400m en contrebas, accueille les vacanciers depuis le début du XXe siècle. *À env. 6km au nord de Munster par la D417 (dir. Stosswihr), puis la D5bis*

Où acheter des fromages fermiers ?

Ferme du Buhl. Munster fermier, tommes, barikass, fromage blanc et beurre à acheter aux Barth dans leur ferme d'hiver. *57, route du col de la Schlucht 68140* ***Soultzeren*** *(à 4km à l'ouest du village) Tél. 03 89 77 45 78 Ouvert 11 nov.-avr. : 8h-12h et 16h 20h*

☆ Randonner vers la vallée de la Wormsa

Le glacier de la Wormsa, qui descendait jusqu'à Metzeral lors de la dernière grande glaciation, a façonné une splendide vallée en auge près du Hohneck. Pour partir à sa découverte, gagnez Mittlach et laissez votre véhicule sur le parking. Traversez le pont pour prendre le GR5 (rectangles rouges) à droite puis, à la sortie du village, la bifurcation de gauche. Vous remonterez ainsi la vallée de la Wormsa à travers les moraines, en suivant le torrent, jusqu'au lac glaciaire de Fischboedle (794m d'alt.) et sa cascade (*2h30 AR, 7km*). On peut prolonger la randonnée jusqu'au Schiessrothried, à 926m d'altitude. Ce vaste plan d'eau est malheureusement bien moins paisible que le reste de la vallée, surtout l'été, car il accessible en voiture.

Guebwiller

68500

Qui soupçonnerait la proximité du Grand Ballon, point culminant des Vosges, quand la route forestière qui descend des alpages déboule dans la riante vallée de la Lauch, au milieu des vignes de Guebwiller ? Au XIe siècle, le moine Frulandus louait déjà les collines fécondes de *Florigera vallis*, le "val Fleuri", et ses vignes, qui donnent aujourd'hui six grands crus. Détentrice de la majeure partie du Florival (autre nom de la vallée de la Lauch), la puissante abbaye de Murbach fit de Guebwiller sa capitale et la fortifia au XIIIe siècle. Après la guerre de Trente Ans, les princes-abbés s'établirent dans la cité, y bâtirent des églises et des demeures canoniales. La Révolution eut raison de leur pouvoir autoritaire : des filatures et ateliers d'impression sur étoffe occupèrent le château abbatial et les couvents abandonnés dès 1793. Guebwiller allait demeurer le deuxième pôle de l'industrie textile du Haut-Rhin des années 1840 au milieu du XXe siècle. Entre-temps, la famille Schlumberger avait fondé son empire viticole. Il n'a cessé de prospérer, tandis que la ville s'est tournée vers le tertiaire et que des musées occupent à présent ses monuments historiques.

Découvrir Guebwiller

☆ **À ne pas manquer** Le musée du Florival, l'abbaye de Murbach, le retable de Buhl, le vignoble Schlumberger **Et si vous avez le temps...** Écoutez un concert au couvent des Dominicains, attablez-vous chez le boucher-restaurateur Gilbert Schluraff ; à Soultz, faite un détour par la citadelle du Bucheneck et la Nef des jouets

☆ **Musée du Florival** L'un des plus beaux musées d'Alsace occupe les cinq niveaux d'une ancienne maison canoniale, le Doyenné (XVIIIe s.). S'il retrace l'histoire de la ville et du Florival à travers son patrimoine religieux et profane, il est surtout célèbre pour ses céramiques signées et léguées par Théodore Deck (1823-1891). Natif de Guebwiller, le "Bernard Palissy du XIXe siècle" retrouva la formule du bleu turquoise des céramiques persanes (le "bleu Deck") et celle du céladon chinois. Il parvint à appliquer des fonds or sur ses porcelaines et inventa des formes de vaisselle originales. De 1887 à sa mort, il dirigea la Manufacture nationale de Sèvres. *1, rue du 4-Février Tél. 03 89 74 2 89 Ouvert lun., mer.-ven. 14h-18h, sam.-dim. et j. fér. 10h-12h et 14h-18h Tarif 4€, réduit 2€*

☆ **Le vignoble** Le sous-sol de Guebwiller est composé de calcaire, d'argile et de grès. Cette complexité géologique génère des vins raffinés, aux tons fruités. La viticulture s'implanta sur les coteaux bien exposés du Florival au IIe siècle de notre ère. Le vignoble mis en valeur au Moyen Âge par l'abbaye de Murbach et le chapitre de Lautenbach a été reconstitué au début du XXe siècle, après la crise du phylloxera. La famille Schlumberger commença à former son domaine viticole dans les années 1810 en rachetant des parcelles. Désormais l'un des plus importants d'Alsace, celui-ci abrite à lui seul les quatre grands crus de Guebwiller : le kitterlé, le kessler, le saering et, en partage avec la commune de Bergholtz, le spiegel. Ses 140ha s'étagent sur cinq terrasses que 50km de murets en pierre de taille protègent de l'érosion. Depuis peu, sur les terres du Kitterlé, un **musée en plein air** illustre l'évolution de la viticulture depuis l'Antiquité à l'aide de différents plants de vigne. *De la gare, il faut gravir le sentier en direction de la croix de mission. Le musée est à gauche (montée de 30 min)*

Masevaux

68290

Descendue du ballon d'Alsace, la Doller a installé son lit dans la plus méridionale des vallées vosgiennes, à l'est du cirque de l'Alfeld et au sud du massif du Rossberg. Masevaux, le chef-lieu, s'est développé autour d'un couvent de bénédictines du VIIIe siècle, qui régna sur la vallée et au-delà jusqu'à la Révolution. Important centre artisanal, commerçant et minier au Moyen Âge, Masevaux devint au XIXe siècle un fief de la métallurgie doublé d'un centre de l'industrie textile. En 1914, ce fut la première cité d'Alsace reprise par l'armée française, et elle demeura le siège de la Mission militaire et administrative de l'Alsace reconquise durant tout le conflit. Consacrée "ville fleurie" en 2001, la bourgade offre aux visiteurs les trésors de son centre ancien.

Découvrir Masevaux

☆ **À ne pas manquer** Les lacs de Sewen et d'Alfeld, le ballon d'Alsace, le massif du Rossberg **Et si vous avez le temps...** Faites étape dans l'un des chalets de la Doller, montez à bord d'un vieux train à vapeur de la ligne Sentheim-Cernay, grimpez jusqu'au belvédère de la Vierge d'Alsace

☆ Ballon d'Alsace

Classé grand site national depuis 1982, ce dôme constitue le plus méridional des sommets vosgiens (1 247m). À la frontière de quatre départements, il offre par temps clair de fabuleux panoramas sur le plateau lorrain, la plaine d'Alsace entre Vosges et Forêt-Noire, la trouée de Belfort, le Jura et les Alpes (table d'orientation). Bien avant que les chanoinesses de Masevaux louent ses pâturages à des marcaires, ce fut un lieu sacré des Celtes ("ballon" venant du celtique Bel, nom d'un dieu solaire). La montagne accueillit ses premiers touristes vers 1870, puis le balisage du Club vosgien, le développement du ski et de l'hôtellerie en firent un lieu d'attraction été comme hiver. Le sentier qui en fait le tour permet d'admirer ses forêts de conifères, ses prairies venteuses et sa flore de montagne. Près du sommet s'élèvent la statue de la Vierge qui marqua la frontière France-Allemagne de 1871 à 1914 et un mémorial aux Démineurs qui nettoyèrent le site après 1945. *Départ : auberge du Ballon d'Alsace, durée 1h30, 2,5km À 20km à l'ouest de Masevaux par la D466*

Mulhouse et le sud du Haut-Rhin

Cette sélection ne comprend ni les adresses d'hébergement, ni la carte introduisant la GEORégion. Elles figurent dans la version intégrale du **GEOGuide Alsace**, disponible en librairie.

GEOMEMO

Ville principale	Mulhouse (110 359 hab.)
Informations touristiques	Office de tourisme de Mulhouse Tél. 03 89 66 93 13/03 89 35 48 48 www.tourisme-mulhouse.com
Réserve naturelle	Petite Camargue alsacienne
Principales randonnées	Collines jurassiennes du Sundgau, grotte des Nains (Ferrette), châteaux du Morimont et de Landskron
Spécialité culinaire	Carpe frite

☆ Mulhouse

68100

Née sur un site inondable, longtemps enclavée dans le sud de l'Alsace, cette cité fortifiée sortit de l'ombre au XVIIIe siècle en accomplissant plus tôt que d'autres sa révolution industrielle. Le virus ne l'a plus quittée : au pied de sa tour de l'Europe, Mulhouse profite de sa situation entre la France, la Suisse et l'Allemagne pour axer son développement sur celui des "intelligences industrielles" et expérimenter l'Europe de demain. Elle entend fabriquer des voitures propres, mise sur son université et investit dans les nouvelles technologies. Et les usines qui en firent, un temps, la capitale européenne du textile abritent désormais des musées techniques uniques sur le continent. La deuxième ville d'Alsace n'en oublie pas pour autant son fondateur, Frédéric Ier Barberousse. Exit les voitures du centre médiéval : truffé de trompe-l'œil et de petites places, ce quartier animé s'offre aux piétons et prend le temps de vivre.

LE "MANCHESTER FRANÇAIS" Tout commence en 1746, quand Samuel Koechlin, Jean-Jacques Schmalzer, Jean-Henri Dollfus et Jean-Jacques Feer fondent la première manufacture d'impression sur coton. Le succès de leurs indiennes va faire boule de neige : en 1786, la ville compte 26 fabriques. L'industrialisation du textile fait naître des activités chimique et mécanique. Des écoles spécialisées s'ouvrent. Les travailleurs affluent, et le paysage urbain se métamorphose : les remparts sautent, des quartiers résidentiels naissent au sud-est de la Vieille Ville et sur la colline du vignoble. En 1826, la frange éclairée du patronat protestant fonde la Société industrielle mulhousienne (SIM). L'association suscite des comités de recherche scientifique et technique et fait part de leurs découvertes aux fabricants pour stimuler l'esprit d'entreprise. Puis elle crée des cités-jardins, des écoles et des œuvres de bienfaisance pour les ouvriers (asiles de vieillards, caisses de maladie et de retraite, notamment) et milite pour la réglementation du travail en usine. L'ouverture du canal du Rhône au Rhin (1830) et de la ligne de chemin de fer Strasbourg-Bâle (1839) fait de Mulhouse un grand carrefour sud-rhénan. Après la guerre de 1870 et l'annexion à l'Allemagne, la construction mécanique tente de relayer le textile, mais la cité perd une partie de ses forces vives, transférées à Belfort et dans les Vosges. La découverte de gisements de potasse, en 1903, lui donne une impulsion nouvelle, mais ne l'empêche pas de traverser une grave crise économique et sociale dans l'entre-deux-guerres : celle du textile. Puis la Seconde Guerre mondiale se solde par un bilan matériel et humain particulièrement lourd.

Découvrir Mulhouse

☆ **À ne pas manquer** La place de la Réunion avec l'hôtel de ville et le temple Saint-Étienne, le musée de l'Impression sur étoffes, la Cité de l'automobile **Et si vous avez le temps...** Alanguissez-vous dans le cadre Art déco des bains Pierre-Curie, flânez dans le parc zoologique et sa forêt, allez écouter un concert au Noumatrouff

La cité médiévale

Presque entièrement piétonne, elle s'organise autour de la place de la Réunion, cœur de l'ancienne ville basse, le quartier des artisans et commerçants. En témoignent les noms de ses rues : Mercière, des Boulangers, des Tanneurs…

☆ **Place de la Réunion (plan B2)** Le centre névralgique de Mulhouse depuis le XIIe siècle est dominé par les deux principaux monuments de la cité et cerné par de hautes maisons colorées à l'image des constructions médiévales. Première de la journée à se réveiller, la place accueille stands et bouquinistes le samedi matin, et la foule y déambule jusqu'au soir. Un peu caché par un manège à l'ancienne, un hallebardier en bronze pointe sa lance au sommet de la fontaine monumentale – une copie réalisée en 1992 de l'original Renaissance (1572), démoli en 1798, lors du rattachement à la France, parce qu'il symbolisait les libertés communales.

☆ **Hôtel de ville (plan B2)** "Un palais magnifique et tout doré", s'émut Montaigne en 1580, devant son décor inachevé. Reconstruit en 1552 par le Bâlois Michel Lynthumer – un incendie ayant ravagé, l'année précédente, l'édifice d'origine (1431) –, il a été conçu dans le style de la Renaissance rhénane, avec pignons à volutes et double escalier extérieur couvert. En 1552-1553, Christian et Luc Bockstorffer décorèrent l'intérieur et la façade principale de trompe-l'œil. Puis, en 1698, le peintre Jean Gabriel orna cette dernière de vivantes figures des vertus théologales et cardinales, de Moïse et de Salomon et d'une frise aux armes des cantons suisses. Récemment restaurées, les fresques luisent comme neuves. Sur le pignon droit, rue Guillaume-Tell, un masque tire la langue aux passants : il s'agit d'une reproduction du Klapperstein, ou "pierre des Bavards", que les mauvaises langues durent porter autour du cou jusqu'en 1781 en traversant la ville juchées sur un âne !
Musée historique Créé en 1874 par la Société industrielle de Mulhouse, il est installé au 2e étage à l'hôtel de ville depuis 1969 et retrace l'histoire de la région : vestiges gallo-romains, maquettes de châteaux forts, reconstitutions de salons bourgeois et d'habitats sundgauviens, jouets anciens… Au passage, au 1er étage, on peut jeter un œil à la salle du Grand Conseil, toujours utilisée pour les réunions et les mariages. Elle a conservé ses plafonds à caissons et fenêtres à meneaux, pour certaines décorées de vitraux. Sur le mur du fond, les armoiries de tous les maires de la cité depuis le XVIe siècle côtoient celles des treize cantons suisses. *1, pl. de la Réunion Tél. 03 89 45 43 20 Ouvert juin-sept. : lun., mer.-dim. 10h-12h et 14h-18h (19h déc.) ; juil.-août : lun., mer.-dim. 10h-12h et 14h-18h30 Entrée libre*

☆ **Temple Saint-Étienne (plan B2)** Une gigantesque "cathédrale" hérissée de flèches et de pinacles, dont le triple portail donne sur une nef sans chœur. En 1851, la municipalité décida de démolir la paroisse Saint-Étienne, vétuste et désormais trop petite. L'église romane du XIIe siècle, agrandie et remaniée depuis, sert au culte calviniste depuis 1528. C'est Jean-Baptiste Schacre, architecte de l'actuelle église catholique Saint-Étienne, qui dessine ce temple néogothique en 1858. Avec deux consignes : que son toit dépasse celui de l'église catholique, pour marquer la prééminence protestante, et que les baies puissent recevoir de précieuses verrières médiévales. On conserve aussi les stalles de 1637 et l'on installe un nouvel orgue signé Eberhard Friedrich Walcker (1868). Un escalier en vis grimpe jusqu'à la galerie haute, d'où l'on peut admirer de près les vitraux du XIVe siècle, don probable de Jeanne de

Ferrette, épouse d'Albert d'Autriche. Une série, inspirée du *Miroir des âmes*, un manuscrit de 1324, met en scène des épisodes de l'Ancien et du Nouveau Testament. L'autre représente les Vertus terrassant les Vices. *Pl. de la Réunion Tél. 03 89 46 58 25 Ouvert mai-oct. : lun., mer.-dim. 10h-12h et 14h-18h Fermé le reste de l'année, sauf pour l'"heure musicale" du sam. (17h-18h) et les concerts des fêtes de Noël*

Prendre un bain à la romaine

Bains romains de la piscine Pierre-et-Marie-Curie (plan B1). Achevés en 1925, ces bains au décor à l'antique passaient alors pour les plus modernes de France. Sauna sec, hammam, trois bains à des températures différentes. Et sur rdv, cabines douches, baignoires de relaxation et solarium. *7, rue Pierre-et-Marie-Curie Tél. 03 89 32 69 00 Ouvert mi-sept.-fin mai Hommes : jeu. 8h30-11h45 et 14h30-17h30 ; femmes : mer. 14h-19h15, ven. 8h30-21h ; mixte : mar. 16h-21h, jeu. 17h30-21h, sam. 14h-19h15 Tarif 14,30€ les 2h*

Hors la cité médiévale

Avec le boom industriel et démographique du XIXe siècle, la ville sortit de ses remparts pour s'étendre au sud (quartiers bourgeois) et au nord (quartiers ouvriers).

☆ **Musée de l'Impression sur étoffes (plan C3)** Un must que ce musée à la gloire de ce qui fit la fortune de Mulhouse : le textile. Dès 1832, les manufacturiers de la SIM décident d'archiver leurs créations et de collecter des productions d'ailleurs et d'autres époques pour mieux inspirer les dessinateurs textiles de leurs usines. L'accumulation d'échantillons permet l'ouverture d'un musée du Dessin industriel en 1857. Devenu, en 1955, le musée de l'Impression sur étoffes, il fait l'objet d'une restructuration complète de 1994 à 1996. Ses collections comprennent quelque 3 millions d'échantillons et près de 50 000 jetés de lit, châles, bas de robes et autres documents textiles du XVIIIe siècle à nos jours. Une salle reconstitue une chaîne entière de fabrication avec les machines d'usine, les maquettes préparatoires et les planches d'impression. Expositions temporaires d'imprimés variés, y compris de pièces contemporaines. Également une bibliothèque. *14, rue Jean-Jacques-Henner Tél. 03 89 46 83 00 www.musee-impression.com Ouvert mar.-dim. 10h-12h et 14h-18h Tarif 6€, réduit 3€ et 2€, gratuit moins de 12 ans*

Le Rebberg

☺ **Parc zoologique et botanique (hors plan, D3)** Partant d'une volonté d'offrir "un lieu de récréation" aux travailleurs, la Société industrielle mulhousienne créa un jardin zoologique et botanique en 1868. La municipalité, qui le reprit en 1893, ne cessa de l'améliorer et de le moderniser, afin d'accueillir des animaux menacés. Situé en pleine forêt du Tannenwald, ce merveilleux parc zoologique et botanique compte parmi les plus beaux d'Europe. Au milieu de quelque 2 000 essences rares, on peut y observer des espèces surprenantes : antilopes addax, manchots du Cap, panthères des neiges, lions d'Asie, pélicans frisés, vautours moines, flamants rouges... Les tables d'un bar-restaurant s'éparpillent sur le gravier et, de l'entrée supérieure, on peut gagner la forêt et ses multiples promenades. *51, rue du Jardin-Zoologique Bus ligne n°12 Tél. 03 89 31 85 10 www.zoo-mulhouse.com Ouvert déc.-fév. : tlj. 10h-*

16h ; mars et oct.-nov. : tlj. 9h-17h ; avr. et sept. : tlj. 9h-18h ; mai-août : tlj. 9h-19h Tarif été 9€, hiver et réduit 5€, gratuit moins de 6 ans

La Cité industrielle

Les vieux faubourgs industriels s'étendent au nord et à l'ouest du centre-ville. Dans le quartier ouvrier aménagé dans la seconde moitié du XIXe siècle, de part et d'autre du canal de l'Ill, le "Manchester français" dévoile son vrai visage.

☆ **Cité de l'automobile-musée national (collection Schlumpf) (plan B1)** L'une des plus belles collections automobiles et le plus grand musée du genre au monde. Le 7 mars 1977, alors qu'ils occupent leur filature en crise, les ouvriers des frères Schlumpf découvrent la fabuleuse collection de voitures que leurs patrons ont constituée depuis les années 1950. Pour éviter sa dispersion, l'État classe la "collection Schlumpf", et le musée national de l'Automobile ouvre en 1982. Les quelque 400 véhicules de prestige de toutes les époques entreposés dans l'immense hangar laissent pantois. Chacun d'eux a fait date, remporté une course ou transporté une célébrité. Ne manquez pas les 80 plus belles voitures des années 1930 – dont une Bugatti Royale de 300 CV, aussi grande qu'un petit parking – ni les créations avant-gardistes des années 1940. Audioguides, films, robots et simulateurs de conduite viennent animer cette passionnante odyssée qu'un nouveau parcours en boucle rend encore plus spectaculaire. *192, av. de Colmar Tél. 03 89 33 23 23 www.collection-schlumpf.com Bus nos 4 et 17 Ouvert jan. : lun.-ven. 13h-17h, sam.-dim. 10h-17h ; fév.-mars : tlj. 10h-17h ; avr.-oct. : tlj. 10h-18h ; nov.-déc. : tlj. 10h-17h Fermé 25 déc. Tarif 10,50€, réduit 8€, gratuit moins de 7 ans*

☺ **Musée EDF-Électropolis (plan A2)** Une vocation de physicien dort-elle en vous ? Ce musée vous convie à un voyage inattendu en compagnie de la fée Électricité. Expositions et montages révèlent comment sa bouleversante découverte révolutionna le monde. Elle naît de l'eau, s'infiltre dans les maisons, s'abat sur un paratonnerre, jaillit d'une manivelle et de la "Grande Machine" à vapeur Sulzer, monstre de 170t qui alimenta les établissements DMC de Mulhouse de 1901 à 1947, et règne sur les appareils électroménagers et jeux électroniques d'aujourd'hui. *55, rue du Pâturage Tél. 03 89 32 48 58 Bus n°17 www.electropolis.tm.fr Ouvert mar.-dim. 10h-18h sauf 1er jan., vendredi saint, 1er mai, 1er et 11 nov., 25 et 26 déc. Tarif 8€, réduit 4€, gratuit moins de 6 ans*

☺ **Cité du train (plan A2)** L'ancien musée national du Chemin de fer, créé en 1971, possède une collection unique en France. Ses locomotives que l'on visite, et leurs amusantes mises en scène, rappellent que Mulhouse se lança dans la fabrication de matériel ferroviaire dès 1839. Mannequins, montages d'images, de sons et de lumières évoquent un voyage à la Belle Époque, les premiers vacanciers ou encore *Le Crime de l'Orient-Express* dans la voiture-salon des wagons Pullman. Souvenirs plus tristes avec un déraillement simulé et un wagon de déportation de la Seconde Guerre mondiale. Pour finir, un train miniature s'anime moyennant une pièce de monnaie. *2, rue Alfred-de-Glehn Tél. 03 89 42 83 33 www.citedutrain.com Bus n°17 Ouvert jan. : lun.-ven. 13h-17h, sam.-dim. 10h-17h ; fév.-mars : tlj. 10h-17h ; avr.-oct. : tlj. 10h-18h ; nov.-déc. : tlj. 10h-17h Fermé 25 déc. Tarif 10€, réduit 7,50€ et 5€, gratuit moins de 7 ans*

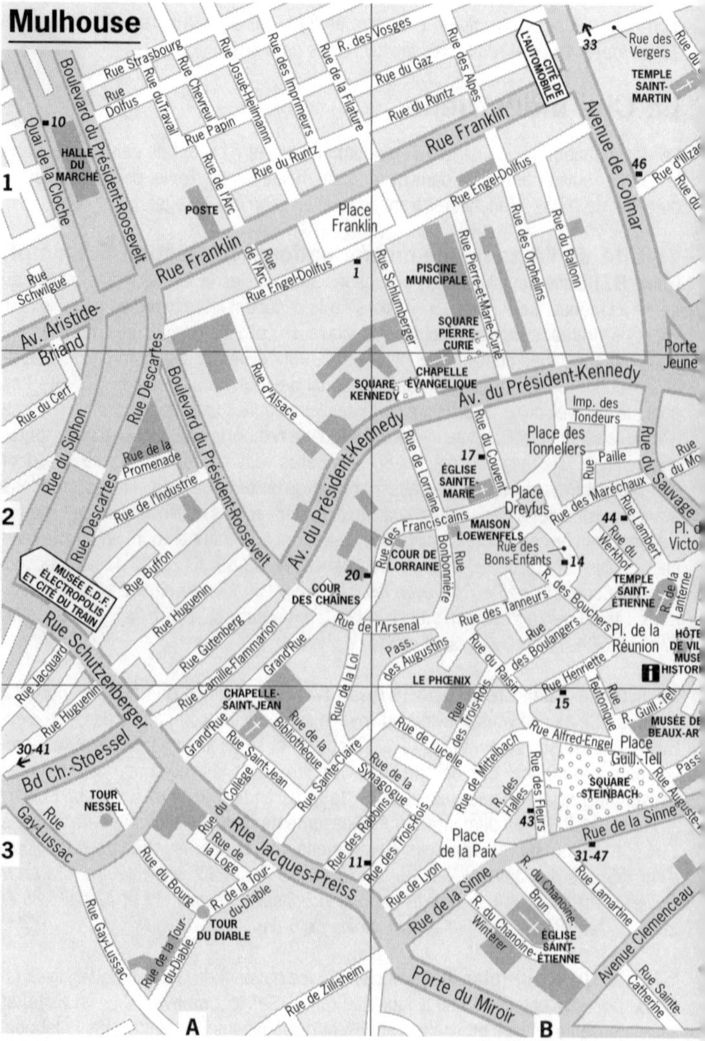

BOIRE
- *1* Zum Klapperstei — A1
- *2* Le Moll — C3

MANGER
- *10* Aux halles — A1
- *11* Le Cellier — A3
- *12* Hugh — C2
- *13* Auberge du Boucher — D1
- *14* Le Petit Zinc — B2
- *15* Winstub Henriette — B3
- *16* Winstub À l'étoile — C2
- *17* Aux caves du vieux couvent — B2
- *18* La Tour de l'Europe — C1
- *19* Oscar Le Bistrot — C3
- *20* Il Cortile — A2

SORTIR
- *30* Shamrock Pub — A3
- *31* Le Charlie's Bar — B3
- *32* Space Montaigne — C2
- *33* Noumatrouff — B1
- *34* La Filature — D1

DORMIR
- *40* Camping de l'Ill — C3

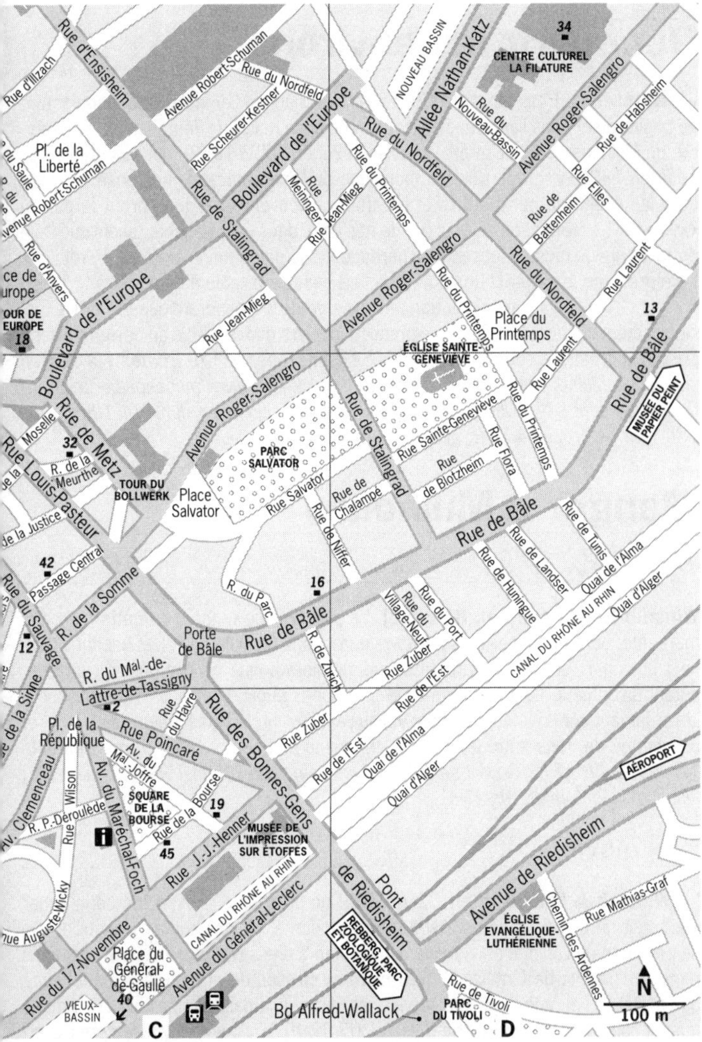

41 Auberge de jeunesse A3
42 Hôtel de Bâle ____ C2
43 Hôtel Saint-Bernard __ B3
44 Hôtel Kyriad ____ B2
45 Hôtel de la Bourse __ C3
46 Hôtel Bristol ____ B1
47 Hôtel du Parc ____ B3

Découvrir les environs

☺ **Musée du Papier peint** En 1797, Hartmann Risler installa sa manufacture de papier peint dans l'ancienne commanderie des chevaliers Teutoniques, transportée de Mulhouse à Rixheim en 1613. Jean Zuber (1773-1852), qui racheta l'entreprise en 1802, y mit au point la technique du "panoramique", immense paysage dont les effets de perspective et les thèmes souvent exotiques firent fureur au XIXe siècle. La fabrication se poursuit de nos jours dans l'aile gauche, tandis que l'aile droite abrite un musée consacré à l'héritage laissé par le manufacturier. Au rdc, une salle présente le matériel des XVIIIe et XIXe siècles, de la table à imprimer à la "seize couleurs". À l'étage, une collection permanente de 11 panoramiques et des expositions thématiques annuelles. Des premiers papiers du XVIIe siècle au design contemporain, la créativité semble inépuisable ! *28, rue Zuber 68170* ***Rixheim*** *(à 5km au sud-est de Mulhouse par la N66) Tél. 03 89 64 24 56 www.museepapierpeint.org Ouvert juin-sept. : tlj. 10h-12h et 14h-18h ; oct.-mai : lun., mer.-dim. 10h-12h et 14h-18h Tarif 6€, réduit 4,50€, gratuit moins de 12 ans*

Manger à Mulhouse

petits prix

Winstub Henriette (plan B3 n°15). La plus typique *winstub* de cette rue commerçante, et l'un des meilleurs rapports qualité-prix de Mulhouse. Les habitués viennent éplucher l'ardoise et s'informer des derniers potins, et l'on peut s'y attarder autant qu'on veut. Carte classique, avec de bons choix de viande et de poisson – jarret fumant sur un lit de légumes, vol-au-vent aux girolles, blanquette de lotte – et brochettes de fruits entre les plats. 19€, menu du jour à 7,50€. *9, rue Henriette Tél. 03 89 46 27 83 Ouvert sept.-juin : mar.-sam. 12h-14h et 19h-21h ; juil.-août : lun.-sam. 12h-14h et 19h-21h*

prix moyens

☺ **Winstub À l'étoile (plan C2 n°16).** Une craquante maison "de campagne" qui paraît un peu déplacée sur son artère moderne. Malgré son air tranquille, elle ne perd rien de l'animation citadine. On y goûtera une savoureuse cuisine régionale relevée d'un brin de fantaisie (vol-au-vent aux cuisses de grenouille et *baeckeoffe* aux fruits) et l'on appréciera le service, stylé, mais jamais compassé. 21€, menu midi et soir 11,80€. *57, rue de Bâle Tél. 03 89 45 21 00 www.aletoile.com Ouvert lun.-ven. 11h30-14h30 et 18h30-23h, sam. 18h30-23h, dim. 18h30-21h30*

☺ **Aux caves du vieux couvent (plan B2 n°17).** Ce clin d'œil au couvent des Franciscains disparu rend gloire aux plaisirs simples. Des saveurs du marché dans une salle coquette suffisent à vous rendre heureux : potage de légumes, truite rosée au poivre et pommes de terre écrasées à la fleur de sel, tête de veau dans son bouillon, munster au miel d'acacia avec un Vendanges tardives. Les moines qui festoient sur la fresque donnent l'exemple. 25€, menus 10-25€. *23, rue du Couvent Tél. 03 89 46 28 79 Ouvert mar., jeu.-sam. 11h-14h et 18h30-22h ; mer. 11h-14h*

La Tour de l'Europe (plan C1 n°18). Pour la vue avant tout : lentement, le 29e étage du gratte-ciel mulhousien tourne sur lui-même pour vous permettre de contempler la ville entre deux plats. Pavé garni, terrine de sandre, choucroute et autres plats du terroir. Service attentif. Comptez 30€ à la carte, menus à 15€ (déj.) et 25€. *Tour de l'Europe 3, bd de l'Europe Tél. 03 89 45 12 14 Ouvert mar.-dim. 11h45-14h et 18h45-22h*

☺ **Oscar Le Bistrot (plan C3 n°19).** L'immeuble de la Société industrielle de Mulhouse va comme un gant à cette brasserie à la parisienne, de style 1900. Excellents classiques : joues de bœuf aux échalotes confites, filet de sandre aux deux poireaux, mousse au chocolat noir et coulis de framboise, sabayon de pêche. Menu de trois plats à 30€, carte 27-30€. Terrasse aux beaux jours. *1, av. du Maréchal-Joffre Tél. 03 89 45 25 09 Ouvert lun.-ven. 12h-14h et 19h-23h*

prix élevés

Il Cortile (plan A2 n°20). Une gastronomie transalpine inventive que l'on doit à Stefano D'Onghia, formé dans les meilleurs établissements italiens de France, et au chef mulhousien Jean-Michel Feger. "Palette de l'artiste" en antipasti, compositions originales de raviolis salés ou sucrés, croustillants de bar aux coquillages, tiramisu au melon sauce verveine ou aux noisettes du Piémont et glace au lait d'amande. Ajoutez-y une cave de toute l'Italie, une déco design et une terrasse verdoyante. Les soirs d'été, on se croirait en Méditerranée… Carte 50€. Menus à midi en sem. 16 et 22€. *11, rue des Franciscains Cours des Chaînes Tél. 03 89 66 39 79 Ouvert mar.-sam. 12h-14h et 19h30-22h*

Sortir à Mulhouse

Où boire un verre le soir ?

☺ **Shamrock Pub (plan A3 n°30).** Tous les charmes du pub populaire dans un cadre cosy. Un salon-bibliothèque pour les non-fumeurs et, pour les assoiffés, des bières à la pression, au pichet, du thé chaud et des whiskies (dont la marque irlandaise Jameson). La langue de Shakespeare résonne autour des pintes et, lorsque le caveau du sous-sol est fermé, la clientèle envahit le trottoir. Fléchettes, jeux vidéo, programmes sportifs sur un écran plat. *1, rue des Grains (sortie ouest, près du stade) Tél. 03 89 33 05 27 Ouvert lun.-sam. 15h-1h30, dim. 17h-1h30*

Où écouter toutes les musiques d'aujourd'hui ?

Noumatrouff (plan B1 n°33). Ce qui n'était jadis qu'un bar de bric et de broc est devenu le baromètre mulhousien des dernières tendances musicales. Installé dans une usine de recyclage de chiffons, puis agrandi en salle de concerts, il couvre un large éventail de musiques actuelles : du reggae au punk tsigane et du *post-hardcore* au *death metal* en passant par le jazz… Avec trois ou quatre concerts par mois, à 20€ maximum, voire gratuits, chacun peut venir découvrir des groupes qui montent ou en pleine gloire. *57, rue de la Mertzau Tél. 03 89 32 94 10 www.noumatrouff.com Lors de concerts : portes ouvertes à 20h30, concert 21h30-1h (maxi)*

★ Index des incontournables touristiques

(cf. premier rabat de couverture)

Index des cartes et des plans

Légendes des cartes et des plans

Autoroute et 2x2 voies
Route principale
Route secondaire
Voie ferrée
Limite administrative
Parc naturel
Axe urbain principal
Zone urbaine
Espace vert
Cimetière
▲ Sommet
Col
Office de tourisme
Aéroport
Gare ferroviaire
Gare routière
● Site remarquable

AUTEURS.
● L'Alsace à la carte : **Nicolas Peyroles** Trois jours à Strasbourg **Vincent Noyoux** Quatre jours sur la Route des vins ● GEOPanorama : **Richard Kleinschmager** ● GEOPlus (GEOPanorama) : **Didier Bonnet** Les vins d'Alsace, un nouvel âge d'or **Pierre Gradoz** La forêt rhénane, Les hautes chaumes **Richard Kleinschmager** Strasbourg l'européenne, La ligne Maginot ● GEOPratique : **Nicolas Peyroles** ● GEORégions : **Nicolas Peyroles** Strasbourg, Benfeld, Marlenheim, Molsheim, Rosheim, Obernai et le mont Sainte-Odile, Wangenbourg-Engenthal, Saverne et le nord du Bas-Rhin **Vincent Noyoux** Barr, Andlau, Dambach-la-Ville, le val de Villé, le Hohwald, Schirmeck, Mutzig, Ribeauvillé, Riquewihr, Kaysersberg, Turckheim, Eguishem **Hélène Le Tac** Sélestat, Colmar, Rouffach, Sainte-Marie-aux-Mines, la route des Crêtes, le val d'Orbey, Munster, Guebwiller, Thann, Masevaux, Mulhouse et le sud du Haut-Rhin

CRÉDITS PHOTOGRAPHIQUES. Couv. © Xavier Richer. II/III © A. J. Cassaigne/Photononstop. IV © Xavier Richer. V © Gérard Lacoumette. VI-VII © Tim Thompson/Corbis.
CARTOGRAPHIE INFOGRAPHIQUE. Édigraphie.
REMERCIEMENTS. Nous remercions tout particulièrement Richard Kleinschmager (professeur de géographie à l'université Louis-Pasteur de Strasbourg) pour sa relecture avisée de l'ensemble du contenu culturel de ce guide **et aussi** Joséphine de Boisseson, Laurence Vallet et Français Dangel (*Dernières Nouvelles d'Alsace*), Bernard Reumaux et Pascal Schweitzer (La Nuée Bleue), les responsables des offices de tourisme du Bas-Rhin, en particulier Annie Dumoulin (responsable presse à l'office de tourisme de Strasbourg) et Audrey Wotovic (La Petite-Pierre), Anne Freyder du CIVA, Pierre Jochem de la Maison du tourisme de Haute-Alsace, Édouard Boeglin (conseiller au Patrimoine à la municipalité de Mulhouse), Jean Klinkert (responsable du Club vosgien et de l'ADT Haut-Rhin), Geneviève Risterucci (attachée culturelle de l'hôtel de ville d'Altkirch), Olivia Fricker (de l'office de la Culture de Sélestat), Rémy Clodong (guide de montagne à Wangenbourg-Engenthal), Gilles Kubler, Emmanuel Tresmontant et Xavier Merlin **sans oublier** Marie de Bruchard et Anne Lagarde
SUIVI ÉDITORIAL POUR LA PRÉSENTE ÉDITION. Soraya Khalidy.

GALLIMARD LOISIRS. 5, rue Sébastien-Bottin, 75007 Paris
Tél. 01 49 54 42 00 **Fax** 01 45 44 39 45 www.guides.gallimard.fr
PRISMA PRESSE. Régie publicitaire : **Prisma Presse** 6, rue Daru 75379 Paris Cedex 08.
Directrice de la publicité Valérie Ronssin. **Tél.** 01 44 15 34 32.
Responsable de clientèle Évelyne Allain-Tholly. **Tél.** 01 44 15 32 77. **Fax** 01 44 15 31 44
BOÎTE AUX LETTRES GEOGUIDE. GEOGuide 5, rue Sébastien-Bottin 75007 Paris. geoguide@guides.gallimard.tm.fr
 Dépôt légal : juin 2007 **N° d'édition** : 150661.
ISBN : 978-2-74-242090-2. **Photogravure** : Apex Graphic. **Impression** : LegoPrint (Italie).

GEODOCS

Hautes chaumes. C'est le nom local qu'on donne aux landes, pelouses et pâturages qui enveloppent les sommets arrondis des Vosges, ou ballons.

La cathédrale de Strasbourg. Un chef-d'œuvre gothique, dont la flèche, qui culmine à 142m, demeura la plus haute de la chrétienté jusqu'au XIXe siècle.

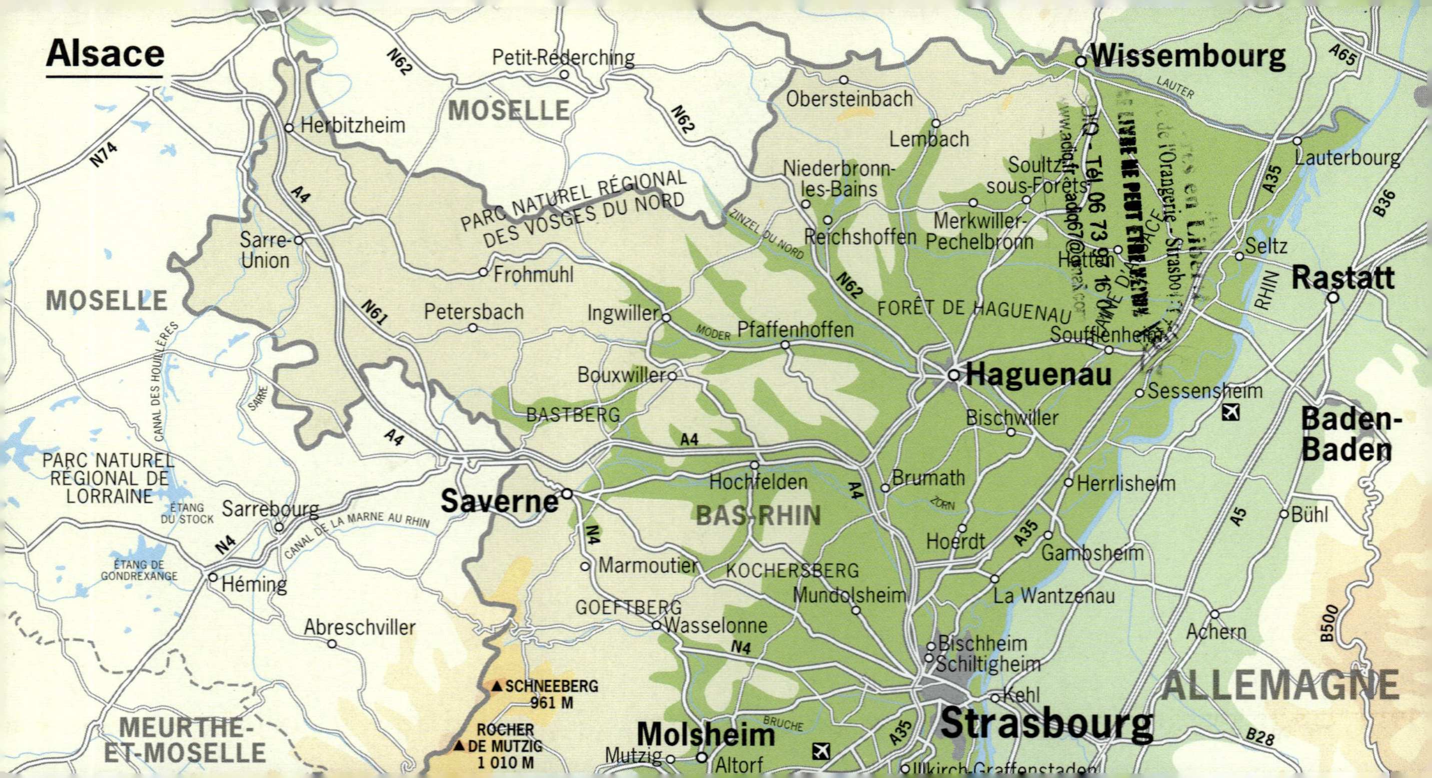
Alsace
Wissembourg
Petit-Réderching
MOSELLE
Obersteinbach
LAUTER
A65
Herbitzheim
Lembach
Lauterbourg
N74
N62
Niederbronn-
les-Bains
Soultz-
sous-Forêts
B36
A4
PARC NATUREL RÉGIONAL
DES VOSGES DU NORD
Merkwiller-
Pechelbronn
A35
Sarre-
Union
Reichshoffen
ZINZEL DU NORD
Hatten
Seltz
Rastatt
Frohmuhl
RHIN
MOSELLE
N61
Petersbach
Ingwiller
MODER
Pfaffenhoffen
FORÊT DE HAGUENAU
Soufflenheim
CANAL DES HOUILLÈRES
Bouxwiller
Haguenau
Sessenheim
SARRE
BASTBERG
Bischwiller
Baden-
Baden
A4
PARC NATUREL
RÉGIONAL DE
LORRAINE
Hochfelden
Brumath
Herrlisheim
ÉTANG
DU STOCK
Sarrebourg
Saverne
BAS-RHIN
ZORN
A5
Bühl
CANAL DE LA MARNE AU RHIN
N4
Hoerdt
A35
Gambsheim
ÉTANG DE
GONDREXANGE
Héming
Marmoutier
KOCHERSBERG
Mundolsheim
La Wantzenau
GOEFTBERG
Wasselonne
Achern
Abreschviller
B500
Bischheim
Schiltigheim
ALLEMAGNE
SCHNEEBERG
961 M
Kehl
MEURTHE-
ET-MOSELLE
ROCHER
DE MUTZIG
1 010 M
BRUCHE
Molsheim
Strasbourg
Mutzig
Altorf
Illkirch-Graffenstaden
B28